*Les Coquecigrues*

*Les Coquecigrues*

# Les Coquecigrues

Books en Demand

4

© 2017, Joël Gissy
Edition : BoD - Books on Demand
12/14 rond-point des Champs Elysées, 75008 Paris
Imprimé par Books on Demand GmbH, Norderstedt, Allemagne
ISBN : 9782322081066
Dépôt légal : juillet 2017

*Les Coquecigrues*

# Les Coquecigrues

## Les Basilidiennes

### I.
### L'Esquif

En pleine mer où est l'ami du né noyé ?
L'angoisse étreinte étouffe, ou poursuit, surnagé,
Le désir du malheur, pour vivre à l'infini.
En peine, amer, se meurt, ému, le rabougri.

### II.
### Soyons

Art d'offrir à l'autre la possibilité,
Idéal subjectif de l'accomplissement.
Point de jonction secret où se mord le serpent.
Flambeau piqué au brasier de la liberté.
Perversité sublimée d'un accouplement.
Etoile du matin volé du mimétisme,
Cœur offert d'un renversement sans scepticisme.

III.

Le Songe d'inquiet doux


Tels des sarments chargés de luisantes clochettes,
S'agrippant, étreints lascivement par leurs vrilles,
Les végétaux qui grincent en faisceaux noueux
S'entrelacent en colonnes de liserons.
La sylve semble un temple antique où les odeurs
Charment un Faune sumérien d'insidieux pleurs.
De l'écartement virginal des clochetons,
Qui roulent, dévoilées, leurs pétales, ces filles
Ainsi que de chrysalides sortent leurs têtes
Avant de s'envoler en parfums sinueux.


IV.

Hologramme arachnéen


Le cœur bat, inspirant le cerveau retourné,
Ainsi que d'un faucon plus qu'enfant, retour né.
Souvenirs frappants, un stroboscope imagine

Les images synthétisées
D'un allégorique passé
En réseaux d'esprits d'araignées

Dont la Mère défait la toile, à l'origine.

## V.
### Ma Mélusine

*A V.*

Songe ainsi qu'une sphynge anguipède roulée,
Le rire mordant de sa tête renversée.
Ravi, de son langage, le corsage point,
Corps enveloppé dont la mue s'arrache au poing.
Revire la bête, un coup de langue ophidien.


## VI.
### Coagulation céleste

Mars rougeoie, s'approchant du creuset de la lune.
La flamme scintillante, qui semble un ardent
Joyau philosophal en sa coupe d'argent,
S'encorne comme un sang versé à son calice.
La chevelure anisée de la nuit complice
Mêle un bleu ténébreux à sa paupière brune.

VII.

Entre les lames d'un tarot égyptien,
Le rêve gigogne extériorisé du corps
Transmue tel un serpent en chaque allégorie
Comme parmi les portes du Livre des Morts.
Imbriqué, d'un labyrinthe sumérien
Emporte ouvrant les briques, le chercheur de vie.
Projection d'ombres en une caverne antique,
L'introspection réunit l'âme symbolique.

VIII.
Ensommeillement

Agonie, soudain, du voyageur éveillé
En une sympathique et vivante clarté,
S'achève un périple onirique ensoleillé.
Alentour par la vive lueur aspiré,
Le Monde en tunnel révèle l'obscurité.
En posture osiriaque, déploie des ailes,
Le cœur de son thorax en chrysalide grêle,
Débattements d'un faucon pris dans la matière,
Entrouvrant la cage où son souffle se libère.

## IX.

### La Porte de la Flamme

Par la gueule au sein d'un géant Moloch d'airain
Dont s'ouvre la herse en un limbe souterrain,
S'engouffrent les âmes éperdues des enfants.
A travers, l'hologramme d'étranges écrans,
En un brasier béant sous sa face cornue
Par la voûte couvert d'une immense cornue,
Reçoit le baiser de feu des Saints Innocents.

## X.

### Transhumanisme

Divinisation de l'être dénaturé,
La gestation se déploie, de l'Humanité.
De l'environnement s'imitent les mimiques,
Telle une introspection d'immortalité.
Mais d'outils incarnés, les gestes mimétiques,
Sans limite s'accroche, homogénéisant
Comme une universelle pensée, le vivant.

## XI.

### Retour

Le temple de Babel renverse sa spirale,
D'un souffle en variation d'or pyramidale.
La coupe a versé son feu, lumière fatale
Sur l'Univers, démultiplication fractale.
Du cœur et de la pique union nuptiale.

## XII.
### Tu hésites

Angoisse du destin, par un choix de la crainte,
L'esprit cheminant hésite en le labyrinthe.
Autre infinitésimal par sa proportion,
Eclair quantique d'une triviale allusion,
Du réel parachevant la construction,
La subjectivité poursuit son illusion.

## XIII.

Introspection du mandala de son iris,
Le voyageur onirique en son cœur s'abîme.
L'intrus tel un voyeur de l'interstice infime,
Découvrant le Château, tourne l'Ankh de Nephtys.
Archétype inachevé d'une tour antique,
S'effondrent les piliers d'un temple atlantique.

## XIV.
### Des Nombres

Il s'agit d'un rêve exploré avant-hier.
Retour par l'enfance à des contrées parallèles.
Se résout le secret d'un égarement tiers.
S'obscurcissent les ténèbres dans les prunelles.

## XV.

Le perdant qui croit en sa télékinésie
En fait assistée par tout un peuple d'esprits
Porte l'objet ténébreux de son amnésie.
Sur la clef de l'abîme, les noms sont inscrits,
Où songe le Dragon enchaîné, en silence.
Soulèvement ravi de lévitation,
Croît le lien où Léviathan mord sa queue de lion.
De l'ardeur occultée s'enchaîne la sapience.

## XVI.

### Obscurantisme

Vieux presbytère où flamboie une lueur rouge
Par les barreaux de fer d'une fenêtre en voûte,
La vénérable masure, au soir, semble un bouge
Ou l'antichambre des Enfers dans la nuit claire.
Mais le réverbère au bord de la route doute.
Comme une catin tremblotant au pied des vignes,
Tout respire du ruisseau les vapeurs malignes.
Entre l'antique église et l'ancien cimetière,
Le porche aux odeurs de boiseries pourrissant,
Par cet hiver sans lune paraît menaçant.

## XVII.

### Le Jardin du Roi Chevalier

Du bout du parc, où devait être un acacia,
Le relais cultuel semble une pyramide.
Le buste auguste est bien sur la colonne au sud.
Des satyres et buveurs moderne agora,
Parmi les gerbes, l'été, plus aucun banc vide.
Le sanctuaire hermétique arbore son Talmud.
Souvenir du parcours d'un temple égyptien,
Miroite en reflet mosaïque le bassin.
Rendez-vous à l'heure fixe où le soleil dit,
Les rosiers fleurissent surtout au midi.

## XVIII.

### Débat

Chacun choisit le point de vue de l'existence
Afin de réaliser, enfin, son essence.
Seconde vie de Faust, voici le nouveau-né.
Le serpent se débat par le poing attrapé
D'un coup de tête pulvérisant son attaque.
Début de lévitation démoniaque.

## XIX.
### L'Etoile de Monsieur Seguin

Le berger, les cycles lunaires calculant
Aux encoches de sa crosse pharaonique,
Cherche la chèvre de Vénus la chevauchant.
Au cœur d'un géométrique reversement,
La fleur féconde en abyme son rosier blanc.
La tête du bouc s'inscrit, mesurant sa trique,
Dans le pentacle éclos de l'astre concentrique
Portant le flambeau neuf du matin triomphant.

## XX.

Les mutations d'arbrisseaux
Pépiant d'oiselets nouveaux
Pétillent par-dessus ma tête.

La mutité du soir trouble sa fête,
S'ébrouant or de mainte gouttelette.
Sous la charmille, incomprise, volette
Une lueur verdâtre en ses sanglots.

## XXI.

### Intase neuronale

Forêt de racines, s'enfonce en le cerveau
Le méandre secret d'un sinueux caveau,
Ainsi que les détours noyés d'un cerneau.
L'intrus pénètre en la sylve de ses méninges
Où le charment ainsi que des fleurs sang les sphynges
Qui s'agrippent comme une foule, en pleurs, de singes.
Mais se scinde le reflet des raisons, passif,
Semblant une porte au vieux grincement plaintif
Où revient au soleil le songe écorché vif.

## XXII.

### Conscience microcosmique

La dualité de l'angoisse en un tiers se voit,
Retour au cœur d'argent de la Lune septième.
L'œil du soleil sourit, radieuse trirème,
Tels les sépales d'une rose aux pistils. Quoi ?
Le quatuor, catharsis, en Seth renversé,
En œuf se renoue le serpent si sang versé.

## XXIII.
### La Clef de l'Atlantide

A l'heure où se dilatent de nuit leurs pupilles,
Transformées en sorcières les aimantes filles,
Les druides égyptiens se haussent de la crête,
Sens oublié dont, morphologie de sirène,
Résonne un souvenir en la tête trop pleine
Comme un bronze rougissant de l'ancienne Crète.
D'un bain du Voynich à l'extase sortant,
En un  lieu souterrain, s'électrise l'amant.
Paracelse hérite de l'épée qu'un démon
Hante dans son pommeau, sceptre de Salomon.
Tel un bon hoplite qui se tient à sa place,
Nous passons la vie à effacer notre trace.

## XXIV.
### L'Illusion du Faux

La faute faut au juste instant de division,
Destinant du réel la transmutation.
Le Cosmos croît de se croire en sa vision.
L'immobile écho voit son amélioration
Dans la structure de l'infinie perfection.

## XXV.
### Coquecigrue basilidienne

Synesthésie des sons et couleurs dans la bruine,
Princesse amoureuse d'une tour en ruine.
Le songe avance à reculons, chiromancien
Mirant son iris en la paume de sa main.
De la lampe ou du flacon de spiritueux,
S'évade en peur de vapeur l'esprit facétieux.
Pleur du soleil renaissant, le coq anguipède
Chante en gerbes de ciguës l'éveil de l'aède.

# Les Saturnales

## I.
### Purification

Médaillon sphérique en arabesques d'argent,
S'enroule autour de la racine le serpent.
Baissant son museau deltoïde, le chacal
S'oriente reniflant de Tanis le métal
Embaumé de sa truffe, en grincement de porte
Inspirant des poussières la matière morte.

## II.
### Chrysopée chthonienne

Tour de Babel renversée, la ziggurat plonge
Ainsi que l'amphithéâtre d'enfers dantesques.
Le rituel s'accomplit d'un occulte songe.
Mais à travers les balcons sculptés d'arabesques,
Le regard sombre jusqu'au centre de la Terre
Dans les tréfonds bleutés d'un ténébreux cratère
Dont couve comme en un œuf la lueur solaire.

III.

Le Cœur de Thot

Eclairé par la lune d'argent qui l'irise,
Le babouin scribe grave un fruit délectable.
La chair verte saigne ainsi que, sans bruit, la table
D'une émeraude alchimique où se Graal se brise.
Aux vibrations d'un chant grave, se rassemble
Le minéral dont chaque éclat, symbole, tremble.


IV.

Evolution

L'immémorial rocher songe, couvert de mousse,
Et gronde de la terre un siècle en secousse.
Or, la plante imaginant son âme animale
Se rêve en homme éclot jusqu'à l'ange, fractale.


V.

Les Métamorphoses d'Alexandrie

En un trône isiaque auprès d'un trépied pythique,
Le chien noir explique à l'agneau sacrifié
Le retour de son destin, serpent hermétique.
L'esprit, grand faucon, revient aux bras de sa mère.
Mué en Dragon, mûrit le feu du Bélier.
Inspirant les vapeurs d'un brasier prophétique,
Hermanubis au fils enseigne son mystère.

## VI.
### Le Poème perdu

Dans l'imagination des souvenirs sans voix,
Des constellations le serpentement s'accroît.
L'avenir se retourne en recherchant un sens,
A l'essence des éléments baignant ses sens.
Dans l'occulte argent de l'ineffable secret
Où murmure le frais sanglot de la forêt,
Sous le Septuor, une nuit sans lune, une ourse
Etait revenue sans bruit boire à la source.


## VII.
### Savoir et Connaissance

Les philosophies, variété complémentaire,
Ne sont que des aspects d'hermétisme appauvris.
Mais l'astre du matin renverse son aura.

Et chaque vérité rassemble son symbole
A l'ensemble qu'une archéologie recolle.
Et l'Univers respire la forme éclatée
Qui s'agrège dans toute inspiration mêlée.

En Sceau de Salomon, se croisent les outils
Opposant les reflets inversés d'un Delta
Où se superpose l'Oudjat, conscience entière.

## VIII.
### Fonte des Neiges

Charmille d'hiver bruni goutte en stalagmite,
L'omphalos dressé pour la nymphe troglodyte
Fume sous les ifs ployés par la neige molle.
Sur le trottoir en face, marmonne une folle.
Les synchronicités, comme une ivresse étrange,
Semblent se faire écho dans un inverse échange.


## IX.
### Cryptoanthropologie

En les fonds marins de cités préhistoriques,
Chassent au large delphinien, les Halieutiques.
Au loin, les femmes gémissent tel un répons
Au triton intrépide armé de ses harpons,
Dards de raies dépecées sous les lenteurs de l'eau.
L'orque porte la mort, jamais née d'un sanglot.


## X.
### Embrasement

Anéantissement du désir d'Aladin,
Le karma se résout d'un dénouement soudain.
Dans la poussière de la lampe, un djinn se forme.
Comme une minuscule vapeur, s'enfle, énorme,
La flamme où volent les poussières du destin.

## XI.
### Le Don obscur

Une fatale et tutélaire goétie
Par sa conjonction accompagne une vie.
L'enfant rêveur sous ses auspices grandira,
Par un double poursuivi comme en une danse
Ainsi que la malédiction du Bleu de France,
Diamant volé sur la statue de Shiva.
En un jeu de synchronicités oniriques
Où se pressentent des cauchemars symboliques,
Tel d'un valet de pique le reflet servile,
Des intuitions s'accrochent d'angoisse infantile.


## XII.
### Mithraeum

Au fond d'une caverne, sur des bancs de pierre,
Les sages anciens méditent, face à face.
L'orateur tel un corbeau regagne sa place.
Sous la voûte nocturne écoute à l'orient
Comme un soleil nouveau le Phrygien chevauchant
Le taureau qu'il achève en fécondant la terre.

## XIII.
### L'Individuation universelle

L'intrus se concentre, hermétique mutité.
Introspective extase, la transmutation
De l'esprit bat comme une respiration.
L'Univers accroît l'individualité.

# Les Lupercales

## I.
### Le Walhalla intérieur

Par des galeries sous les tunnels oubliés
Des vieilles villes sur les antiques cités,
S'épand un dédale onirique au ciel d'airain.
Splendeurs inconnues communiquant par les mers,
Confinent au Cosmos les abysses bleutés.
Asgartha, des dieux domaine souterrain
Au château de métal rêvé dans les éthers
D'un jardin suspendu environné d'éclairs.

## II.
### Floriane

Ta voix charme mon âme ainsi qu'une fleur sage
Dont le parfum te caresse, pensée sauvage.
Et s'écoulant tout au long de ta chevelure
Comme un ruisseau secret d'une forêt obscure,
Mes pensers se bercent à ce tendre murmure.

III.

Mystère mythique


Bras de Vénus alanguis en la nacre
Comme un serpent dans un crâne à Cythère
Ce Golgotha blanc s'échoue sur la terre.
Telle une flaque écumée d'huile, sacre
Du sol ensoleillé de sa lumière.


IV.


Hermétique spirale d'or,
La matière se décompose.
Le serpent se métamorphose,
Dragon écorché de sa mue.
De flamme, en rouge se transmue,
Rage, en ouroboros l'hypnose.
L'âme vaporisée du corps
Par l'esprit soufflée se remue.


V.

Lupercales


Au fond d'une grotte aux loups du Mont Palatin,
Le bouc est sacrifié comme un Faune. Impatientes,
Agitée par les bergers enduits de son sang,
Sa peau lacérée fouette à nu le sein blanc
De la foule en liesse à nouveau des passantes.
L'aveugle lit le billet de son Valentin.


*Les Coquecigrues*

## VI.
### La Colonne du Lion

Courant souterrain de l'arête de poisson,
Courent les couloirs secrets du cœur de Lyon
Comme aux flambeaux anciens d'invisibles artères.
Enchevêtrement de racines templières,
Le pas sûr parcourt les passages salutaires
Parmi les murs imbriqués d'allées solitaires.
Où sombre un puits à chaque intersection cyclique,
S'aligne encor de Saint Michel l'angle écliptique.
L'antique labyrinthe, ouvert au ciel, résonne
La musique du Cosmos entre sa colonne.


## VII.
### Architecture organique

Les consciences de tous les êtres, connectés,
Nourrissent l'avenir d'innombrables passés
Dont involuent sans cesse les réalités
Et se meuvent sans fin les racines futures.
Aléas inconscients d'innombrables ramures,
Se heurtent les arcs changeants d'infinies natures.
Comme un éclair fluctuant, le vaste réseau
Varie continuellement tel un cerveau
Universel où se rêve un destin nouveau.

## VIII.
## Le Soleil des Ténèbres

La galaxie gravite autour d'un astre obscur,
Année noire des syzygies en danse inverse.
L'ataraxie s'évite ainsi qu'un serpent mûr
Dont rougeoie la gueule en lances telle une herse.
Le Dragon flamboie, élargissant ses Œttir
Comme en un trou de ver où l'œil lance son tir.


## IX.
## Le Chiffre de la Proportion

Entre zénith et nadir, au pas du naos,
Se reproduit en œuf l'athanor du Cosmos,
Mosaïque en damier d'une immuable table.
L'aveugle guidé par une main secourable,
Afin qu'il ne s'effondre, imitant son exemple,
Contourne le pavé du souterrain du Temple.


## X.
## Le Refuge

Noyade du Déluge, flotte en le tonneau
Des Danaïdes comme en une arche de cèdre
La noyade accrochée, respirant de l'eau,
Sur l'abîme où s'aligne le dodécaèdre.
Flotte enflammée, au loin, la hutte de roseau.
Sur l'esquif de son moudhif, fuit la lumière
Le gardien des sylves, d'un songe à la frontière.


*Les Coquecigrues*

## XI.
### Babel tantrique

Les sept tours de la spire de la ziggurat
Sont comme un mandala dont l'iris est Daath,
Où l'œil s'abîme à son pinacle inachevé.
Montant, le feu du désir, s'ouvre le chakra.
Rhamesseium d'un château décapité,
La Maison Dieu clôt l'arche de sa guenizah.


## XII.
### Chapelle souterraine

Dans les profondeurs vibrant comme une pierre
Dont chante la Grande Déesse sous la terre,
Sourd la caverne d'un antique sanctuaire.
Des druides d'Anna, des champs de Perséphone,
Des fleurs de Déméter, pleurs d'un sommeil aphone,
La renaissance du soleil chtonien résonne.


## XIII.
### Celui qui a traversé

Fin d'une expérience génétique, un déluge
Anéantit sa genèse en flot centrifuge.
Mais d'une arche sous-marine, à cette Atlantide
Survit un hybride incertain qui se suicide.
La colombe d'une âme plane sur le vide.

## XIV.

### L'Oracle

Archives immémoriales des destins,
La bibliothèque sous le Sphinx lui répond
Ainsi que l'arête dorsale d'un lion.
L'intrus se souvient de présents incertains.
Du vaste réseau qui s'épand dessous les sables,
Glissent les pans murés de dédales instables.
Ayant par maint calcul trouvé le loculus,
Remonte enfin le sage avec un papyrus.

## XV.

### Magie animale

Tels des yétis gracieux glissant dessus les plantes,
Des Néanderthaliens aux peintures vivantes
Manient obscurément leur magie naturelle.
Artistes anciens d'un paysage onirique,
La vie peut n'être qu'une transe chamanique.
Dans la caverne, à renaître, imagine une aile
L'animé pénétrant un lieu inaccessible
Par l'intuition rêvée d'une voûte invisible.

## XVI.
### Lycanthropie

Des galeries oubliées d'un tertre secret,
Les bois se souviennent d'un triste bisclavret.
Le chacal jappe à l'influence de la lune.
Un chien noir s'arrête dans le soir et pétune.
Les fils des loups, sur les plateaux d'Anatolie,
Se morfondent encor de leur morphologie.

# Les Funambules

## I.
### Dureté

Parmi les mouvements de ce tumulte humain,
La beauté seule anime nos cœurs engourdis.
De vins inspirateurs, d'opium, de paradis,
Notre amour vain se berce pourtant de sublime.
O majesté de s'instiller le dernier crime !
La bonté, c'est de porter l'autre au plus lointain.

## II.
### Le Souffle d'or

Fils d'arachnidé, funambule de la nuit,
L'œil cordial en son cœur démêle les fils
De la perspective englobée qui s'enfuit.
Le rêve arrive aux archaïsmes si subtils
Des visages fractals de l'instinct primitif.
Aux rivages crevés, perce encor le récif
D'un nouvel Univers, à chaque instant glissé
Ainsi qu'un océan par son esprit plissé.

### III.
### Hathor

La Prophétesse, Maison du Faucon,
D'un retour d'esprit, le retour de flamme,
Comme un trône ouvre sa matrice à l'âme.
Se pose enfin le rapace alangui.
S'égare sur l'océan l'alcyon,
Ainsi que dans la robe de la nuit.


### IV.
### Caducée d'Asclépios

La finitude du nombre dans l'infini,
Phœnix parfumé du brasier de son nid,
Joint l'ombre en la lueur blanche où rougit son œuvre.
Le Dragon saigne au creuset sa mue de couleuvre.
D'un alphabet dit phénicien, cycle lunaire,
Le poids tiers s'ajuste au quartier de sa lumière.


### V.
### La Maison Diable

Meunier, tu dors, or que ton or se subtilise.
Géant dont mûrit le grain ainsi qu'en un four,
De Don Quichotte s'envole un moulin en flammes.
L'air orageux d'un bleu nocturne s'électrise.
Le vent souffle, tourmenté par le flot des âmes.
Se brise le faîte inachevé de la tour.

## VI.

### L'Ouroboros platonicien

La décomposition alchimique des corps,
Phœnix nouveau levé de despotismes morts,
Apaise la philosophie de ses blasphèmes,
Liberté des peuples à disposer d'eux-mêmes.
L'œuvre au rouge s'achève, autre rétrospective.
Voici venu le temps de l'extase plaintive.

## VII.

### L'Amphore

Pénètre l'Univers entier l'introspection,
Et réciproquement, passion de la raison,
Révulsion d'un regard extatique en intase.
Circule le frisson de sa timide emphase
En son crâne vibrant du zénith au nadir.
Le serpentement des réalités, mythique,
Finit par se mordre en son cœur ouroborique
Du fond des symboles primordiaux à venir.

## VIII.
### Le Phylactère d'un songe

Si l'unique, le souffle, à sa source se presse,
Seulement s'accomplit l'origine future.
De cités englouties survit l'architecture,
Village volcanique oublié par la Grèce.
De la conscience, au sol se trace la structure.


## IX.

Ecoutons nos petits frères les animaux,
Que nous chargeons, mauvais conscients, de nos maux.
Le Grand Œuvre s'accomplit du feu des Enfers.
Afin d'unifier les éclats de l'Univers,
Par la porte d'airain, gagnons la porte d'or.
Dans le chemin des rêves, la raison s'endort.
Paresse occulte, s'émeut le mouvement d'Or
Or que l'adresse inculte, en se contournant, dort.
Perdue de la cité de Tiamat, harmonie,
Se superpose de Maât la cosmogonie.
Les ailes se soulèvent des bras alourdis.
Suivent des sentiers neuronaux, les conflits,
Reflets des constellations d'êtres finis.
Se referme la spire de la ziggurat.
Le valet gagnant sert le roi, échec et mat.
Les oiseaux éperdus chantent sous la pluie.

## X.
### La Déesse lactée

N'ombrage en Trente Troie de Seth la croix
Le nombre retentissant de sa voix.
Le serpent mord les âges en leurs seins.
Débloquant son cerveau d'instincts porcins,
Hermès offre un perce-neige au passage
A Ulysse, épargné de son pas sage.

## XI.
### Le Chant des Sirènes

Epousent les naufragés des *Mermaids* delphiques,
Cunéiforme, les Danaïdes celtiques.
Les momies songent des pyramides guanches ;
L'alchimiste lit de sa pomme d'or les tranches.

XII.

Un soir dans l'Yonne

La déesse aux mille sources, au creux du fleuve
Enlacée par les aulnes immergés, s'abreuve.
Dans la brume semblant traîner ses boucles d'ombre
Sur une cape rouge, ourlée de velours sombre,
Au souffle de mon sein, la flamme du cœur bat
Comme un écho de l'âme égyptienne du *bah*.
Du fond des eaux stagnantes parmi le branchage,
De la vouivre s'appâlit le doux visage.
De fêtes et de drames dont l'air se répète,
Par des souvenirs gaiement tristes habité,
Dans la chambre d'un ancien hôtel de guinguette,
Le lendemain matin, l'objet s'est déplacé.

XIII.

Les Deux Silences

Le grain des sables d'or construit la proportion,
Cristal des neiges qu'en tempêtes un démon
Hante entre le réel et l'imagination,
Des courbes, à la perfection, de la dune.
Le mage cananéen retrace sa rune
Où se berce le cycle errant de l'illusion.
La pyramide argentée rêve sous la lune.

## XIV.
### Désillusion ptolémaïque

Labyrinthe d'Amiens, Chartres et géoglyphes
Nazcas, Temple du Dragon constellant ses griffes,
A genoux, le pèlerin danse l'hermétisme
Du Tao des planètes en leur mimétisme.
Antique procession, gire le planisphère.
L'harmonie du Cosmos reflète sur la Terre,
En un jeu de précessions, de Maât le mystère.


## XV.
### L'Etoile brisée

L'amour du marchand se cherche tel un serpent
Puis marche très longtemps à vouloir se toucher.
Mais il saisit son cœur et semble l'arracher.
L'infini se referme en sa boucle d'argent.
Tableaux successifs ainsi qu'un livre muet,
La révélation revoile son secret.
Les conjonctions de Vénus, pentacle imparfait,
De Méphistophélès entrouvrent le secret.
Alors, juste survient l'intime sénéfiance,
Du parfait Univers infime déviance.

## XVI.
### Vérités légendaires

Les Incas devant les vestiges titanesques,
Les druides, héritiers tardifs, et les Guanches
N'ont jamais oublié. Symboles des grotesques,
Grondement du chaman dessus les taïgas blanches,
Arpèges désaccordés des vieux clavecins,
Les archétypes bestiaux égyptiens
Se répondent ainsi que le pont de Bifrost
Reflété seul au rêveur sous le permafrost.

## XVII.
### S'ils me voyaient

D'un masque d'or voilant sa face, un dieu solaire
Contemple de héros hybrides les splendeurs.
Aimèrent les femmes des enfants de la terre,
Des Titans énochiens, anges observateurs.
Exilés aux enfers d'une vallée de larmes,
Les descendants bannis ont oublié leurs charmes.

## XVIII.

### Les Ancêtres du Songe

Le peuple des forêts marchait dans les rivières
Ainsi qu'en les cités de sauvages rizières.
Faute ignoble de dédaigner fouler la vie,
Les insouciants riaient avec sympathie.
Sauf dans les sables d'allées aux pas oniriques
De temples et nécropoles préhistoriques.

## XIX.

### La Déesse bleue

La robe de nuit d'une vierge égyptienne,
D'un angle solsticial de son voile révèle,
Azur constellé d'yeux, l'envers de sa traîne.
La caresse de l'astre invaincu se rappelle.
Emerge du sable en nuée de scarabées,
La Maîtresse des clefs du Château de la Reine,
Bourdonnant en infrabasse de coryphées
Le chant immémorial du sein de la terre
Au soleil nouveau dont se lève la paupière.

## XX.
### Philosophie préhistorique

Le menteur qui sans cesse en son réel repasse
Ses souvenirs tel un mantra, penseur rapace,
Pioche le destin comme un oiseau de terreur.
Remonté d'un cauchemar, l'atavisme humain,
De ses souvenirs ancestraux, se souvient.
Evolue l'être ophidien, mué de douleur.
La foudre environne le dinosaure abscons
Dont résonne hurlant le bec de toucan bifrons.
Méditant, le flottant écoute l'équilibre.
Danse la pensée sauvage. Du sage libre
Fond, déchaînée, l'hérédité d'anciens dragons.

## XXI.
### Vestiges parallèles

S'enfonçant dans une grotte sous une crique,
Creuse l'érosion le voyage onirique.
Comme en le cœur d'une rose géométrique,
Du labyrinthe, l'imagination panique.
Par un périple au paysage sous-marin,
Débouche, cité troglodyte, un souterrain.

XXII.

Les Vagues élémentaires

Second Déluge en pluie de feu, la prophétie
Manifeste sa compréhension incarnée.
Voici refondue dans l'athanor toute vie
D'une géhenne aquatique vaporisée.
Le grand lion rugit du tempétueux soleil,
Semblant la gorge d'une forge au flux vermeil.
Le sang coagulé des sanglots du ciel
Sous les cendres rougit ainsi qu'un flot de miel.

XXIII.

Amour et Connaissance

Par la sympathie d'une loi de la Physique,
S'accroît par la compréhension, la conscience.
Ainsi les âmes évoluent au plan psychique,
Mourant jusqu'à la plénitude ataraxique,
Amour total de la divine omniscience.

## XXIV.

### Organisme

Développement fatal d'espèces fractales,
Enroulement d'or des colonnes vertébrales,
Se déploient, dépliées, les structures minérales.
De l'Univers la respiration cérébrale
Bat jusqu'en les racines, pensée végétale.
L'intelligence du cœur étend ses nervures
Vers l'imagination d'intimes surnatures.

## XXV.

### Le Songe de Rhamsès

L'engendré du soleil, comme arraché au rêve
Du sommeil aventureux de son sarcophage
Des imbrications des âmes à l'image,
Cauchemarde au milieu des machines sans trêve.
Ebloui par les néons ; une blouse blanche,
D'un visage fantomatique, encor se penche.

## XXVI.

### Rêverie de Muscade

Vertiges profonds parfumés par des saccades,
O terreurs oubliées des enfances malades.
Dans leurs pipes, les ouvriers en fument les coques,
Toute la journée, pris de TOCs et ventriloques.
Visions remontées de tout au fond du crâne.
Dehors de la vie, l'accident du cerveau plane.

*Les Coquecigrues*

## XXVII.
### Eclosion philosophale

Le cube, en croix, se divise en cinq pyramides.
Les faces se répondent aux doigts de la main
Qui l'ouvre, en planètes, métaux des voies humides.
La pierre occulte en soi la rose du matin.

## XXVIII.
### La Forêt nocturne

Fleurs musicales aux mille odeurs colorées,
Tintent les clochettes en la sylve onirique,
De neigeux pollens étincelant saupoudrées.
Charmille d'un arbuste, au creux d'un feu-follet,
Joue un jeu magique un petit être violet.
Le rêveur avance en un ruisseau féerique
Sur la tendre clairière de mousse et d'épines
Comme une chambre intime embaumée de résines.

## XXIX.
### Combustion spirituelle

La vie se consume ainsi qu'un feu ralenti.
Les dragons s'enlacent, lion licorne à demi,
Union que coagule en la terre son sel.
La flamme vertébrale en cœur s'élève au ciel,
Souffle ardent de l'esprit d'un rêve universel.

## XXX.
### Divagation

Le reflet des arcanes, en trigones,

De l'arche semble croiser ses lignes de fuite.

La flamme du calice,
Dessus l'onde se glisse.

Le soleil félin centre son œil qui médite,

En l'étoile du sceau, temple sémite,
Ainsi qu'un lion entre les colonnes.

## XXXI.
### Le Sanctuaire parallèle

Taverne à nécromants aux sept nains alchimiques,
Circule en sa caverne un train ; fantomatiques,
Leurs goules entraînent tous en minauderies.
Rencontre d'un double égaré d'un autre monde,
Le contact affleuré, s'effleurant, meurt en onde.
Du Grand Biquion parle la tête, allégories.
La fête commence, aux souvenirs oniriques.
Se roule en son drapé terreux de pourriture
Le baiser souffrant à la vierge de Mercure.

### XXXII.

Le travail entre la structure et la pierre
Des dunes construit, le grain de sable infime.
Desséché, des enfants de la terre s'anime
Le souffle ainsi qu'une combustion de la sphère.


### XXXIII.
Adorant

Aux visages changeants des cultures, mythique,
L'écho de Noé hèle un mage prophétique.
De la mer, le moudhif surnage en son coracle,
Sur le brun pailleté d'or, sauvé par miracle.
L'adorant d'un alphabet pré-cananéen,
Croix berbère, se souvient de ce cri ancien.
S'échoue le tracé d'une arche géométrique,
Loin, entre les colonnes du Noun Atlantique.


### XXXIV.

Vois-tu ? Penses-tu qu'il vaille peine d'y croire ?
De la faille sur le point de refermer.
La feuille s'en recroqueville à écouter ;
L'œil sec s'y écoute en un secret lacrymoire.
Se déchire d'un monde au-delà sa matrice.
Nous, les séparés par un silence complice.
D'une caresse sur un bras enfui, bossu,
La bise en souffle un soupir fauve, espoir perdu.

## XXXV.

Déluge sumérien d'une Atlantide en calque,
Subsiste un petit hameau constellé de huttes
Sur un pic volcanique au milieu des buttes,
Pyramides guanches dormant sous les dunes.
Les sables d'or forment le nombre d'orichalque.
Et brûle hermétiquement le cycle des lunes.

## XXXVI.
### Le Cauchemar énigmatique

Moudhif flottant d'une arche, l'incendie du temple
Ouvre sa porte deltoïde où je trépasse.
Comme en la toile d'araignée d'un panier ample,
Le sphinx tête de mort de la psyché retrace
L'étoile du matin telle en rose canine.
Mais cependant que le Monde assemblé surnage,
D'un feu céleste sur sa tour s'abat la rage.
Le fils sacrifié retourne à l'origine.

## XXXVII.

Chrysalide scintillante d'un œuf cosmique,
Couve en caducée ancien le serpent orphique.
De l'ange prisonnier mûrit la panique.
Sur le mont descend l'Adam-Kadmon alchimique,
Mandala d'une antique cité atlantique.

*Les Coquecigrues*

## XXXVIII.

L'Humanité est comme une chaîne, flottant,
Qui fluctue, change, au large d'un vaste océan.
Entre les murs de l'édifice, elle serpente
Liant de chaque pierre la force vivante.
Et toujours se maintient en rebâtissant,
L'œuvre au noir faite d'esprit, de chair et de sang.

## XXXIX.
### Spagyrie noire

Le Baron Samedi, sous la faux de Saturne,
Fait mûrir le poison ainsi que dans son urne.
Le fou mort dans les limbes de la rue séjourne,
Ou errant près des marigots. La chouette hulule.
Renaissant, l'abêti, somnambule, y retourne,
Rodant aux abords délabrés des cimetières,
Appétit d'un concombre narcotique où brûle
Une hallucination du sabbat des sorcières.
Intercesseur obscur, l'ardent valet de pique
Oblique en un regard frontal, seul et statique.

## XL.
### En gufa

L'oracle au bois parfumé suit les animaux.
Coracle flottant tel un panier sur les eaux,
Comme une arche de cèdre au milieu des roseaux,
Parmi les moudhifs inondés, s'enfuit l'Atlante.
Visiteur des enfers de sa terre intérieure,
Comme en les tréfonds d'une existence antérieure,
Le rêveur chemine par de petits canaux.
Par la porte bleutée qu'entrelace une plante,
A travers une mince cascade, filtrait
La rivière souterraine d'anciens mythes.
Champignons de pierre d'une caverne en biais,
Se rejoignent stalactites et stalagmites.
Surnage l'écho de villages troglodytes.

## XLI.

Celui qui a survécu
Ses palmes avait perdu.
Signe annonciateur de l'Arche,
L'Ophidien soudain marche.
Ainsi, le pouce est tordu.
Atavisme de sirène,
S'atrophie l'ombre aérienne.

## XLII.
### Ambiguïté du Réel

J'imagine en rêve un grenier communicant
Un couloir possible entre deux maisons créant.
Se crève l'écran de la membrane, béant.
En prenant des profondeurs, du fruit, les racines,
Les multiples destins, oubliés tu devines.


## XLIII.
### Le Grillage

Voluptés aux ténèbres bleues
Prémices du rouge et du noir,
En ligne de fuite, un couloir.
Le dédale onirique, oblique
S'imagine, pythagorique.
Entre un loculus, la fournaise
Arde en sa grille, antre de braise.
Tout juste imparfait au damier,
Perspective d'un escalier,
Du Dragon s'enlacent les queues.

## XLIV.
### L'Ajñā de Binah

De l'île aux chevaliers, temple cyclopéen,
Serpente en colimaçons l'antique hypogée.
Contemplatif telle une âme désincarnée,
La tête couverte d'yeux, veille au souterrain
Un dieu que l'humain découvre dans son crâne.
L'*urna* se fronce en sa Vénus préhistorique,
Vénérant, sacrifié, son essence cyclique.
Révolution de l'astre au clin de son déclin,
La révulsion oculaire en soi se profane.

## XLV.
### Réflexion hermétique

Le mythe où l'Univers accomplit sa conscience
S'enracine en les archétypes nés du nombre.
La vie et la vue s'échangent un regard double
Où se projette en la réalité son ombre.
Survient la mystérieuse coïncidence,
Eclair de compréhension de la sénéfiance.
Dans les profondeurs, le vivant oublie son trouble.
La geste symbolique explique le silence.

XLVI.

Allégorie pascale

Equinoxe où renaît le Soleil invaincu,
Le Fils après trois jours des Enfers revenu
Chasse les démons maladifs et poussiéreux.
Le rongeur celte sort de son terrier lunaire.
La semence rejaillit du sein de la terre.
La lumière envahit le monde ténébreux,
Se mordant la queue tel un Dragon sinueux.

XLVII.

Hystérie

Ivresse inverse, crient les réincarnations.
Prêtres rasés voulant ressembler au serpent,
Les boucs proscrits s'en vont, s'accrochant lentement.
Synchronicité d'un ange des passions,
La fille passe, et dit bonsoir, taisant son nom.
Acide lucidité de la déraison.

XLVIII.
## Le Séraphin

Ange venimeux criant de sa face ardente,
L'enfant à six ailes couvertes d'yeux serpente.
Le plumage protège et révèle son trône
Maternel, comme un mandala fascine un Faune.
Cisèle sa forme et s'efface, qui s'évente,
L'Ophidien de Sumer, fils du sédentaire,
Labyrinthe obscur d'une caverne solaire.
La cité bleue tait des Sept Sages le mystère.

XLIX.
## L'Ondulation des Apogées

La gloire couronnée du solstice éclatant
Scintille étincelant ses teintes variant
Entre le grès cristallin, quand le jour s'éteint.
Ainsi qu'en un désert montagneux et serein,
La vie se déssique. Encor, renaît, disséqué,
Le serpent d'or, écorché tel un nouveau-né.

L.

Insinuation

Hibou démoniaque aux yeux écarquillés,
Révèle un miroir noir des rêves éveillés.
L'incube hulule, ainsi les stryges s'agrippant,
Soudain face à face au dormeur comme un gisant.
En posture osirienne, il déploie ses ailes
Et rentre dans le corps de ses sombres prunelles.


LI.

Globalité d'or

Des conjonctions de Vénus Epitragia,
La tête s'inscrit dans l'étoile de la rose
De la Bête cornue qui porte son aura.
Dans l'infime interstice, imperfection éclose,
Se rectifie de la Loi de Pan l'iota.


LII.

Secret étude

La Dame vierge entre licorne et lion se mire,
Charme des deux animés la sauvage ardeur,
Accouplant la force et la grâce, en sa douceur.
Saturne aux noces d'Hermès apaise son ire.
Les oiseaux parlent dans la profonde verdeur.

## LIII.
### Théorie cordiale

De l'adorant, les pieds nus, les oreilles cornent.
La plante sous ses pas prend lentement racine
Comme un écho chthonien monté, de Proserpine.
Les terres par l'éther célestement se bornent.
Acouphènes ainsi qu'oracles virgilianes
Du réel incertain font vibrer les membranes.


## LIV.

Baille la lumière avant qu'il ne s'en aille.
Au fond de son moudhif, tel un masque de paille,
Lucifuge en l'obscurité se réfugie
De son esquif enflammé comme une ombre enfuie.
Tel un sphinx pris dans une étoile, immonde entraille,
La grille arde aux frontières des mondes rougie.
L'Arche du Gardien, sur le déluge surgie,
La sorcière en sa masure asséchée défaille.
Se souffle soudain la flamme de la bougie.


## LV.

Des vies, cubique réceptacle,
Toile en matrice en feu, l'oracle
Tisse son antique coracle.
L'étoile en abyme de macle
Les profondeurs du reflet racle
Tel un insondable pentacle.


*Les Coquecigrues*

## LVI.
### Tragédie ophidienne

Clair de lune où murmure la nuit passionnée,
Les Faunes anciens, enfants du Dieu Etranger,
S'ébattent dans la brume. O fête dissipée,
Par le grand soleil dont la cymbale a tonné !
Finies, les joies de l'obscurité parfumée,
Le règne du Serpent de sagesse a sonné.

## LVII.
### Les Jardins superposés

Du labyrinthe azuré les murs coulissent
Comme une cité, dont les boucles se glissent
D'un long serpent par le temple des Sept Mages.
A inventer, imaginaires étages,
Se démultiplient tels d'incertains mirages
En trompe-l'œil profonds, de secrets passages.
Image d'un cauchemar où ils frémissent,
Seuls trépassent par un détour les pas sages.

LVIII.

Sous l'ombre hantée d'un grand chapeau noir,
Pointe le bec parfumé du docteur
Tel un nez charognard, un glauque soir.
De sa lanterne secoue l'encensoir,
Dans l'air putréfié, l'inquisiteur.
Ainsi qu'un vieux toucan en quarantaine,
Se penche à l'envers son rictus de haine.

LIX.

Retournant à l'abbatiale de Montreuil,
Franchissant le pentacle au parvis sur le seuil,
A nouveau, je pénètre, mais là dans l'abîme ;
Mis en abyme, initié sauvé du mystère,
Immersion du visage en un sec baptistère,
D'un chapiteau à l'angle, veille un Baphomet.
De Saint Saulve ont fui les druides vers Nazareth.
Reflet d'une astronomie, proportion sublime,
Près du gisant là-bas, une croix templière.

## LX.

L'origine symbolique de l'existence
Devine son futur inventant le passé.
Le temps hésite au fil de son ambigüité.
Non seulement la vie, et puis l'intelligence,
Voyant, approfondissent la réalité.
Des mondes les possibilités parallèles
Cristallisent les destinées intemporelles.
Sympathie qu'illumine une science intense,
Attendons la télépathie avec patience.

## LXI.

Les images de sang de l'obscurité glissent
Sur la paupière où les ténèbres se plissent,
Résidus éblouis dont s'agrège un visage.
Superposé d'allégories, un paysage
S'enfonce ainsi qu'un passage au regard cerné.
L'orbite se morfond d'un songe consterné.
Plus moyen d'allumer la lumière, un murmure
Envahit le rêveur éveillé qui s'emmure.

LXII.

Le reflet des cygnes en cœur,
Miroir de noces alchimiques,
S'embrasse en un saule pleureur.
Sylve subaquatique, affleure
Le chant des nymphes qu'il ne meure,
Fleurissant d'ombres pathétiques.
Les nénuphars dansent sur l'eau
En un hermétique sanglot.

LXIII.
L'Infécond

Le serpent de la croix de Saint Pierre se mord
Tel de Baal-Yahweh le perpétuel essor.
Des palingénésies, cycle sans fin, s'accroît
La boucle du caducée dont le corps se tord.
Le sourd aveugle seul enfin trouve sa voix.

## LXIV.
### Evolution prophétique

La conscience renoue ses péripéties,
Evolution du passé des prophéties.
Structurent l'autre avenir leurs pédagogies.
Au fond sont les plus ambiguës allégories.
De symboles futurs, s'accomplissent les vies.
Comme une série de gravures, les génies
De l'inconscient profond rêvent les agonies
De destins mort-nés dans les passions infinies.
Dragons chassés des fumées d'antiques Pythies,
Prennent forme du Fou les pires fantaisies,
Matière première en le réel, accomplies.


## LXV.
### Lacrimosa

Sur son cœur en colombe à pic se renversant
Mains jointes, la statue d'Isis pleure du sang.
Les larmes cristallisées des constellations
Effilent des profondeurs leurs conjonctions.
Envers des fertilisations de Proserpine,
Trône dans la lumière, obscure et divine,
La mère du Soleil en sa robe bleutée
Ainsi que la Vierge une nuit étoilée.

## LXVI.

L'imagination, dans la vapeur complice,
Construit des possibles où l'esprit se consume.
Dans les dédales des souterrains de Galice,
Le rêveur incertain, par les *rías*, se glisse
Aux érosions des marais sifflants de brume.
Trouble secret, s'embrase le double, et s'allume.


## LXVII.
### Le Souffle de l'Etoile

Le vol du papillon de nuit effleure l'oreille
Comme un souffle battant d'une vision vermeille.
L'araignée règne tissant sa géométrie ;
L'Homme en ses pensées, bâtissant la guématrie.
Souvenirs saisissants d'un ailleurs occulté,
Reviennent les erreurs d'un sanglot séché.
Mais sous les vapeurs cristallisées, la psyché
Prise au piège, comme un sphinx s'abat englué.


## LXVIII.

Neuvaine à notre dam de la vierge alchimique,
Crie la légion des gargouilles, goétique.
Michaël s'incarne, prophète aux centuries,
Pour la troisième fois niant ses prophéties.
Inverses conjonctions à l'ordre angélique,
Jeune agneau rougissant d'incantations rugies,
Le jaune Baphomet éclaire les marries.


*Les Coquecigrues*

## LXIX.

Le minéral moulu que l'on crut crucifié
Dans le creuset de paillettes d'or argenté
Dort tel un amant lassé jamais solitaire.
Comme un aimant, le corps de l'homme, de la terre
Etait né, mais revit de l'éther éternel.
Sisyphe en Prométhée roule un neigeux rappel.

## LXX.
Tout est poison

Correspondance astrale en un corps chamanique,
Se représente le réel, ombre hermétique.
Par une sécrétion d'élixirs métalliques,
Le secret se répond des songes mimétiques.

## LXXI.

Le cœur bat sous le thorax ainsi que des cils
Et s'ouvre tel un troisième-œil pinéal.
Envol d'une pensée, volette l'idéal,
Petite âme violette au frisson végétal.
Pense, inviolée, la plante où rêvent ses pistils.

# Les Cyniques fidèles

### I.
#### Miroir céleste

Astre des profondeurs obscures larmoyant
Des sueurs de l'humanité au cœur sanglant,
Revient comme un coup de fouet le soleil cyclique,
Du cynique fidèle amour désespéré.
Le singe scribe accroît sa divine mimique.
Se mêlent au feu des sanglots de volupté.

### II.
#### Hospitalité

Main blanchie par la pureté des intentions,
Le gant clair mue, de son sein, droites conjonctions.
Frémit pourtant le lâcher des intuitions
A l'angle parfait des harmonieux unissons.
Auprès d'un crâne, au sel des transmutations,
Se taisent dans le noir d'ombre les nombres longs.

### III.
Vulnérabilité psychologique

Alchimie s'échauffant dans la main magnétique,
La télékinésie s'opère, aussi psychique.
Du mimétisme animal, varient les destins
Comme un rêve environné d'éclairs clandestins.
Subjectivité sans fond de l'introspection,
La matière se plie au feu de l'émotion.

### IV.
Humanisme des Temps

De l'imagination des avenirs anciens,
Se construisent les passés en mythes lointains.
S'ajuste et se distord l'axe de la conscience
Où s'invente de nos présents la sénéfiance.
L'essence où se reflète en soi la compassion,
De l'existence démultiplie la vision.
De l'œil qui regarde, évolue la providence.

V.
Contes égyptiens

1.

Mystère d'Anubis, par la porte d'airain,
Se creuse serpentant un rêve souterrain.
Des ténèbres bleutées au temple rouge et noir
D'une alcôve voluptueuse au fond d'un couloir
Où du succube dégouline la canine,
Le cheminement onirique s'imagine,
Gesticulation des destins dans son aura.
Tel un chacal, s'oriente sa tête en Delta,
Chevauchant le dragon affamé de soleil
Se bouclant à l'aube ainsi qu'un monstre vermeil,
Des oiseaux, guidé par le caverneux babil
Jusqu'à la coupole d'or des sources du Nil.

2.

Le secret du beau guerrier changé en bouc,
Amour de Sitt el-Husna, s'engouffre au-delà.
Le coup de sabot de la mule dans le souk,
Ses outres remplies, animal doué d'un *ba*,
Quand la lune illumine le four de la vieille,
Ouvre le sol caverneux. La princesse veille,
Mais chaque toison voilait sa beauté virile.
L'esprit des eaux avait dompté le crocodile.
Palais merveilleux où trônent de nobles faunes,
Laissant tomber leurs peaux en sombres hexagones,
Souvenir oublié d'un dieu aux yeux jaunes,
En un temple souterrain, un soir de *doukhoule*,
Autour du bassin, plus une larme ne coule.


VI.
Sed Lex

Il se sont tous, trompé,
Les Anges font la loi.
L'accroissement est né

Du Chaos et décroît.
Dragon sans fin, Tantale
Serpente en son dédale.

A la fin, pathétique,
Mort à faim, la physique,
Se mord enfin pythique.

## VII.

Liberté des peuples à disposer d'eux-mêmes,
Isis foule chaînes d'argent des esclaves.
Dans les bains urbains, nihilisme, tu te laves.
Malgré les larves, tu te secoues et tu t'aimes.
Le baptême enterré plonge, aspirant les laves.
Ishtar secoue les maillons, délit de blasphème.
Celle qui traîne les fleurs, pollens d'aimants, sème.


## VIII.
### Source infime

Papillonnants joyaux, tes paupières violettes
Volettent d'or ainsi que des pensées sauvages
Où tes yeux luisent tels des oiseaux dans leurs cages,
Que suivent les miennes comme un ardent chasseur.
Des faces nées de l'œil innombrables facettes,
Se réfléchissent en stroboscope des âges,
Façonnées nez à nez par des baisers volages,
Des temps, des civilisations, mille visages.
Féerie sylvestre en sa végétale pâleur,
Affleurant telle une nymphe née dans un pleur.

IX.

Les Etoiles incarnées


Lumière irradiante de ses alvéoles
Créant en chaque individuation des coupoles
Tel un palais de la réflexion, se concentre
La ruche de matière abîmée en son centre.
En un point, se renversent les lignes croisées
Trois fois, retraçant, géométries encastrées,
Ce sceau salomonique. En face, arde Vénus,
Phœnix fleurissant de la vie par son anus.
Retombée des astres, s'écrase la mémoire
Comme étirée d'un fil suturé de la Moire.
Le venin s'annule, antidote de la haine,
Et se recrée la palingénésie humaine.



X.

L'Ardoise


Inviter l'autre à l'ivresse,
Sans un sentiment en poche,
Volupté de la paresse.
Désespoir de la tendresse,
Tendue d'un désir si proche.
Lâche, à la mort, la tigresse
Relâche sa proie sans cesse.

## XI.
### Les Rencontres

Renaissance du Fils au soleil invaincu,
Rayon vert à l'équinoxe, des conjonctions
D'événements symboliques répétitions.
L'avènement nouveau d'Horus cloue son envol.
Au bain druidique retourne le chaste fol.
Arlesheim, Bugarach, endroits où tout se passe,
Lieux où l'esprit vers un ailleurs autre trépasse.
Jardin cauchemardesque où l'enfant s'est perdu.
Malédiction des terres prédestinées
Où poussent de vénéneuses maison hantées.
Merveilles et désastres apocalyptiques
Où se répètent des rendez-vous prophétiques.
Triangle de feu sur les sapins aperçu,
Nœuds mythiques des constellations terrestres,
Cités mayas, pyramides, temples rupestres.

## XII.
### Pétrification universelle

La nature aux proportions de l'homme éclot.
Du fond de l'inconscient cosmique l'écho
Forme sa structure évoluant, tel un cerveau.

Des chutes, se relève la compréhension,
Embrassée par une angoisse de compassion.
De nos erreurs se sculpte la perfection.

## XIII.
### Elle savait

Nous avions voyagé avec les dauphins
Des terres en éruption jusqu'aux confins,
Quand soudain la force hostile les transforma
En serpents de joyaux qui roulaient dans la vague.
Blondeurs évaporées d'un songe sans éclat
Du sable dont j'étreins la mémoire plaintive,
Je n'oublierai jamais l'amante fugitive.
Sur ma table de nuit, seulement une bague.


## XIV.
### Mi-ombre

De ma bouche embrumée par des rêves ambrés,
La fumée s'en va comme une albe chevelure.
Maturation sans fin d'intuition future,
Se forment les embruns d'illusions marbrés.
De spirales brisées en les volutes d'or,
Les reflets d'algorithmes s'enroulent en un
Tels les échos d'un rythme pythagoricien,
Dans un nuage déployant son nombre encor.

## XV.
### Le Roi danse

Des profondeurs de l'inconscient universel
Cheminant silencieux, l'homme, divinisé,
Crée le destin à son désir unifié.
Lisant son reflet terrestre sous le ciel,
La conscience entre échos cristallise son sel.
Comme une nuée d'oiseaux noirs qui se balance
Le long de ses bras prophétiques, le roi danse.


## XVI.

Spirale de la toile, s'abîme la rose
De l'étoile par le matin nouveau portée,
Jeunesse après l'œuvre obscure, de Prométhée,
D'un sang vif renaissant à l'orient qu'il arrose.
Amant transmué des noces de la Nuit,
Le serpent mue, cornes d'argent, en soleil d'or
Ainsi qu'en un creuset dont la pierre reluit,
Graal ancien retombé de sa couronne encor.

## XVII.
### Les Etres

La musique des sphères, comme un infrason
Ou de mondes ultra-violets la vision,
S'entend par les neiges d'un vieux téléviseur.
Esprits à travers le Cosmos communiquant,
S'ignorent les dimensions à savoir quand.
Dehors, s'éclaircit une électrique moiteur
Dont danse et se condense l'avenir moqueur.
Circulent alentour, potentielles erreurs,
Les frissons inspirés d'ironiques chaleurs.

## XVIII.
### Vertige céleste

De l'esprit transporté par un élan mystique
Le faucon revient au sarcophage physique.
Comme un harpon, s'étend le saut à l'élastique.
La fusion fuse d'une effusion pathétique.
L'autre chemine en barque au jardin mimétique
Telle une ombre évoluée d'un songe atlantique.
Eveil du rêveur, le cœur se renverse en pique,
Volupté sans fin d'une insondable panique.

## XIX.
### Le Vœu impie

Je veux défendre la dignité de chaque être,
Et tenir en échec, et pourfendre peut-être,
Le reflet de chaque combat, en révérence.
L'humanité construit son homme avec patience.
La pensée, vers le terrestre infini, s'élance.

## XX.

Univers perçu de l'humaine proportion,
Comme une âme en le sarcophage d'un cocon
Perce à la lumière d'une conscience ancienne,
La coudée royale éclot son aile osirienne.
Envol de spirale d'or en colimaçon,
Du temps l'algorithme, en rythme, s'accroît, profond.

## XXI.
### Le Sang de la Pierre

Scintille l'étoile alchimique aux sept rayons,
Que parcourt le serpent des constellations.
Des oiseaux amoureux, par le bec du corbeau,
Sous la lune d'argent, la licorne repose.
Renaît des entrailles de terre du tombeau,
L'homme rouge du sang précieux qu'il décompose.

## XXII.
### Songe diluvien

### 1.

De chaque rêve, m'efforçant à retenir
Ce poème, je m'éveillais, le griffonnant,
Des palissades de Sumer, Mayas ou Tyr,
D'une tour médiévale, en Grèce, vieux savant :

### 2.

Labyrinthe aux odeurs de guimauve et d'absinthe,
Le bateau craque ainsi qu'une sylve enchantée
Qui grince en fond de cale en musicale plainte.
Tunnels cerclés sans fin d'une voûte boisée
Où balance une lanterne verte accrochée,
Le foudre semble une arche de cèdre égarée.

## XXIII.

Il devient urgent de devenir humaniste.
Afin d'extraire du cœur l'infime améthyste,
S'abîme la compréhension subjective,
Dans le réseau universel, introspective,
Ainsi qu'en une toile étoilée en abyme.
La spire tracée par ses nombres se structure,
Qu'inspire, esprit intime, en secret, la nature.

## XXIV.

Chrysalide d'un djinn, éclot la nymphe frêle
Telle une fleur diaphane défroissant son aile.
Et d'une lueur fatale emplie de frissons,
La rose se déploie d'amour aux conjonctions,
Comme une fée nouvelle en souffle renaissant
Sans cesse de son cœur, imperceptiblement.

## XXV.
### Le Sang du Dégoût

Reculant devant l'ardeur de son œil de flamme,
Les spectres ainsi que le sang noir du dégoût
S'écoulent par la bouche où s'est crispée une âme.
Mais tout revient, larves vampires d'*oukhedou*
Agrippées tels des mensonges inépongés.
Spagyrie d'Egypte, ils s'annulent, opérés.
L'évitement harcelé de songes s'accroche
A son unité vague et de plus en plus proche.

## XXVI.

Rose enragée d'un mystère d'Isis, se trace
L'étoile en abyme qui serpente et s'efface.
Géométrie teintée d'alchimique rosace,
D'un cycle des lieux et des temps, le monde passe.
Le chien creuse la terre où la clarté trépasse
Du corps et de son ombre d'or qui la dépasse.

*Les Coquecigrues*

## XXVII.
### Heiligenkreuz

Derrière une dalle au monastère héritier,
Dit de la croix sainte, le démon piétiné,
Bénit de deux doigts, le pauvre chevalier,
La main sur le sein, triomphante pitié.
Le creuset sec attend l'eau du cœur initié
Comme un sang emplissant l'émeraude, à moitié.

## XXVIII.

Tel un enfant de Kronos, adorant Sobek,
Le sacrifié passant le feu plonge en son bec
Ardant comme en un Moloch crocodilien.
Civilisation d'un dragon ancien,
Rampent sous les sables d'illogiques dédales
De tombeaux, de temples, de couloirs et de dalles,
Démarche semblant d'un antique cha-cha-cha,
Dont l'écho se souvient d'une danse maya.

## XXIX.

Projection passée comme un arbre enraciné
Du crâne au thorax en réseau de nerfs fibreux,
Court dans la cavité de sa structure au creux
Le courant rythmique à raison passionné.
N'a pas crevé son cœur qui s'éclate la tête ;
La mort cérébrale parcourt encor l'arête.

## XXX.

Introspection sans fin des sentiments pesés,
Nul n'entre au temple intérieur s'il n'est géomètre.
Vertiges infinis des élans retournés,
Se répond de l'écho la proportion pour naître.
Par profondeur d'exister, de plus en moins n'être.

## XXXI.
### Gestation de l'Esprit

Sur sa roue de fortune, allégorie perchée,
Le coq anguipède tel un sphinx s'est posé,
Girant le soleil de sa toile d'araignée.
Babouin vert, se reflète la divinité
Que singe le serpent ainsi qu'un scribe sage.
Et retombe sa mue comme les feuillets d'or
D'un livre de Thot en la maison de Hathor,
Cœur d'une mère où bat le faucon de son âme
Qui s'enfle à son souffle d'une immortelle flamme.
Du crépuscule, or, émerge un sanglant présage.

## XXXII.
### La Dernière Minute

Soupirs oubliés d'un souvenir à venir,
Tel un souffle brumeux, s'enfuit ton baiser cher.
Déjà, ma barque angoissée revient de la mer
Et longe la digue à jamais pour repartir
Où descendent du ciel des triangles de feu.
Les requins et tous les poissons ont fui le bleu,
Presque précipités sur la plage mortelle ;
Le dernier goéland s'envole à tire-d'aile.


## XXXIII.
### Les Arcanes arachnéens

Le serpent de sinople, sinueux, se mue
En lion dont le chant de coq monte à la nue.
Pointant Mars de sa langue, le reptile ancien,
Transmué, dragon rouge, calcule, herculéen.
Alors, du soleil retombent les plus purs pleurs
En larmes de taureau, spasmes fécondateurs
Animés en nuage électrique d'un Titan
Dont l'écume se mêle en nymphe, opalescent.

## XXXIV.
### L'Accent des Oiseaux

L'accent des oiseaux, qui semble antique latin,
M'invoque en secret un symbolique alsacien.
Mêmes rythmes bercés par un reflux tonique,
La multiplicité des échos se complique
Comme une symphonie dont chaque voix se parle.
Il insiste, ce soir, l'ancêtre du grand Carl !
Noirceur de la nature à cru, soudain, le merle
Porte dans son bec pinçant, d'un coup, une perle.

## XXXV.

Par la compassion de chaque petit être,
La décomposition accède au non-être
De l'organisme universel en l'incarné.
Se retourne de l'astre d'argent le quart né ;
Balaie sur son bras la minuscule araignée,
L'indifférence, plus pure des cruautés.
Individuation des sublimes beautés,
La passion d'exister se meurt, subtilisée.

## XXXVI.
### Hommage à la Vie

Monsieur de la Diximétrie parle en sagesse
Par la dissymétrie que lumière professe.
La lueur s'accroît des ténèbres alentour
Tel l'espoir d'une veuve au sommet d'une tour.
Se colle l'étoile à l'angle de son détour.


## XXXVII.

Le Serpent, que l'on incarna dans la Grande Ourse,
Lie les pattes à l'Arachnéen mutilé.
Le réseau de Vénus, étoilé de sa course
Croisant le soleil en toile, proportionné,
Trace le Nombre d'Or, apportant le matin
Comme Prométhée portant son feu clairvoyant.
Tranchant la pomme en sa morsure, le mutin
Te tait au venin d'une mutité de sang.

## XXXVIII.
### La Légende de Thann

Sur les sapins secoués d'un souffle magnétique,
Du haut de son château qu'un roi futur brisa
Tel un œil de sorcière, un descendant mythique
Voit une triple lumière miraculeuse.
Curieux, intrigué par cette mystique aura,
Le seigneur crut à l'intervention divine.
Comme électrisé par un nuage statique,
Le bâton fidèle semble avoir pris racine.
Du pommeau de son bourdon dans la sphère creuse,
Ardait le pouce arraché serti de l'anneau
Aux pouvoirs surnaturels, du grand Saint Thiébaut.
Cependant remontait, silencieux dans l'air,
Le char céleste, rapide comme l'éclair.


## XXXIX.
### Mille ans de silence

Abraxas hérité des Basilidiens,
Le sceau des grands maîtres, en croix de Saint André
Dont le lieu du solstice en la crypte est gravé,
S'élance, embrasé, volatile aux pythiens
Pieds enflammés de monade hiéroglyphique.
Du temple de la rose éclot l'étoile oblique ;
Enraciné, sue, s'envolant, feu pathétique.

XL.

L'Eveil sans fin

D'impossibles adieux étreinte transie,
Qui palpitait encor entre les draps si fins,
Nymphose en soupir diaphane expirant, frisson
De nos deux voix s'affaiblissant à l'unisson.
Intimité au coin d'un lit, entre mes mains,
Presque avant s'éteignit la petite bougie.

XLI.

Fête zodiacale

Rêve lucide sur le Livre des Morts
des Ancien Egyptiens

Le gardien de la porte, à la tête qui gire,
Se meut en miroir sur un échiquier vampire
Rouge et noir, comme un valet prenant trop de soin.
Le fou solitaire oblique en la cour pavée.
L'araignée tisse sa toile à la faux du coin
Du grenier dont faut la lame retournée.

## XLII.
### Gnose celtique

Volupté spirituelle en les corps animée
*Ce que vouldras*, universelle destinée,
S'accomplit par le fait en vie diversifiée.
Possibles infinis où nage la conscience,
L'inconscient façonne, étreignant sa sénéfiance,
Des profondeurs de l'être embrassé l'existence.
Mais des conceptions sublimes le mystère,
Comme un arbre évaporé, s'ancre dans la terre,
Où se boucle du serpent crucifié la sphère.

## XLIII.
### L'Escalier parallèle

Aigle rouge irisé par le soleil,
Le *chevalier fae*, faucon vermeil,
Philosophe hermétique, accomplit l'œuvre
D'un patriarche d'Isis en sommeil.
S'éveille le sage des pyramides
Tel un chacal qui de son sang se sevre.
Murmurent les lamentations des druides.

## XLIV.
### La Statue tournante

Dessous la vitrine d'un musée, ignorée,
Imperceptiblement, tourne une statuette.
En Delta, d'Anubis, aux astres alignée,
Tel celui du Sphinx au Cœur du Lion, suit sa tête.

## XLV.

D'une *queste* celtique, architecture atlante,
L'ouroboros encercle les axes croisés
Comme un océan mère des divinités
Où grimpe un mât de Cocagne. Après l'épouvante
De Déluges anciens, l'arche se reflète
Sous le regard de feu d'une larme incomplète.

## XLVI.
### Histoire cyclique

Ecart des désastres, le temps est une spire,
Intervalles réglés, où l'Univers respire.
La pensée de tout le corps s'ancre dans le cœur.
Le nombre, or, crée sa coquille de l'intérieur
Comme une pyramide en proportion cosmique.
Eternel retour de terre, éther hermétique.

## XLVII.
### Le Portail de pierre

Quelquefois, une âme peut dépasser
La lettre, de grès calligraphié
Ainsi qu'en la balustrade gothique
Où l'air filtre, clair, par un point oblique.
Arabesque au ciselage ajouré,
Telle une grille ouvragée minérale,
D'un puits d'ailleurs s'ouvre une ardeur fatale.
Et, porte d'un sanctuaire onirique,
Trépasse enfin la curiosité.


## XLVIII.
### Les Nourritures de l'Esprit

Frugivore contemplation pythagorique,
Affleurement frugal de son ivresse sage,
Des formes sans fin de la nature empirique.
Vivacité nourrie de la viande sauvage.
Apaisement guerrier au sang du carnage.
Abattement porcin d'un monde antibiotique.

## XLIX.
### Les Frères ennemis

Le Seigneur des rats, putréfaction de mort noire,
Delphinien, saigne au soleil, python muant.
Les jumeaux égyptiens se battent en myriade,
Et, pour un plat de grain, sédentaire et nomade.
L'enfant se baigne au feu d'une étrange mémoire.
Le dieu étranger règne en sa forêt ruant.
Dans la sylve, se dresse un satyre puant.

## L.
### Le Pèlerin obscur

Le Cœur du Scorpion, astral, se renverse en pique
Quand, tel un ouroboros cosmique, il se pique.
Mise en abyme rouge et noire, se mélange
L'encre du sang et de la putréfaction.
Le secret s'accomplit, en un subtil échange,
Où recommence encor le jeu du solitaire
Tel un retour de l'arcane supplémentaire.

## LI.
### Retour à soi

C'est parmi les philosophes platoniciens,
Poète au ban jeté, de la philosophie,
Qu'enfin s'est rencontrée la subjective envie.
Les sages antiquisants dans leur vie de chiens
Ont sublimé l'envol serein de la passion.
Le centre est plus loin vers l'intérieur conscient
De l'Univers en l'autre incertain renaissant.
Par la porte d'airain, semble entrée du rêveur
Sous la voûte étoilée tempérant son ardeur
Sur deux bancs opposés, la réconciliation.


## LII.
### Les Passions perdues

Des passions perdues, ivresse des profondeurs,
Les élans profanateurs jouissent en refuge.
Du monde ancien moulent les célestes fondeurs
Le grain d'un métal neuf pour un nouveau déluge.
Résonnent les tracés d'échos algorithmiques
En des raisonnements d'allégories mystiques.
Humaine compréhension, de la surnature
Contenue dans sa géométrique structure.

## LIII.
### L'Œil de l'Abîme

Persévérer dans l'un des rêves encastrés,
C'est évoluer parmi les réalités.
Entre les cercles d'une Atlantide onirique,
La conscience choisit sa vague concentrique.
Comme un retour de train, s'élargit l'accident,
Où son voyage souterrain s'accroît, vivant.

## LIV.

Le drakkar de pin souple ondule sur les vagues.
Tel un dragon serpentant de son apostrophe,
L'ophidien solaire mord le bouc philosophe,
Satyre assoiffé du sang froid de la sagesse.
Dans une grotte, au solstice, tournent les dagues.
Yod ainsi qu'un détail complétant la Loi,
Dont le nombre parfait s'inverse de justesse,
Comme un arcane supplémentaire, fou roi.
Vers l'omniscience prénatale régresse
La conscience universelle après la mort,
Du sentiment de chaque être qui a souffert.
Prendre une avance de bonté à cœur ouvert.
Renaissant, s'arrête de respirer, l'effort.
Les horreurs de l'esprit bâtissent leur enfer
Comme une toile tissée par un matin clair.
Djinns des obsessions nocturnes imaginés,
Les démons se plaisent en ces lieux désolés.

## LV.
### L'Arbre à papillons

Par cette canicule où s'abattent les eaux,
Au soir, quand s'apaisent les diurnes éléments,
Voletant autour des buddleias palpitants,
Les papillons roux semblent de petits oiseaux.
La vanessa, telle une Atlante évanescente,
Se pose en son parfum avant qu'il ne la sente.
L'eau et le feu se battent, flux vaporisants.


## LVI.
### Les Mastabas sylvestres

De retour d'un voyage près d'une frontière,
Dans une forêt étrangement familière,
J'explore un domaine broussailleux de lierre
Des pyramides à degrés comme des mines
Dont les sombres entrées s'enfoncent dans la terre.
Un dédale ancien découvre-t-il ses racines?
Réminiscence de périls chevaleresques,
A l'aube, ces puits incertains semblent des fresques
Parmi le feuillage clair des contrées tudesques.

## LVII.

La rosée s'accroche en une toile fractale
Traçant une fleur étoilée dans le matin.
En réseau, se répand le nocturne déclin.
La lumière du jour s'abîmant, vespérale,
Porte sa conjonction cinq fois, qui rayonne,
Rose de la pierre tombée de sa couronne.

## LVIII.

Par la fente du volet, une nuit d'été,
Les esprits ombrageux remuent dans les feuillages.
Des mouvements argentés forment des visages
Comme par les frissons d'un mirage enchanté.
Mais l'angoisse évaporée d'un songe glacé
Vient mordre ma nuque immobile à leurs présages.

## LIX.

Pérégrination chthonienne

Dans la lueur pulsant d'un nuage cosmique,
L'Ange exterminateur apporte les épées.
Le Monde résonne aux échos, temple hermétique,
Des constellations, en tracé mimétique.
Désigne l'Archonte aux prunelles enflammées
Comme en une gravure, la guide onirique.

## LX.
### Les Pierres suspendues

Le cœur du Sphinx, aux axes de la Pyramide,
Fixe un regard où la précession coïncide.
Des Anciens la géométrie sait leurs refuges,
Cadran astronomique aux quatre dans l'abside,
A têtes d'animaux, éléments ignifuges.
Gizeh gire au Lion, horloge des Déluges.

## LXI.
### Commandement

L'autel bancal ne doit être fait que de pierres.
Empilement d'une mont-joie aux lisières,
L'enfant passe le feu, sacrifice aux frontières.
Du creux d'un tube incisif, une nuit, ruisselle,
Brasiers éternels, la semence rituelle.
Le mystère incarne la céleste pucelle.
En un four banal aux confins d'Alpes blanchâtres,
Un esprit d'albe s'imagine auprès des âtres.
Les prêtresses s'en vont, virginales marâtres.

## LXII.

Mesure au niveau

Le Graal est dans la quête, arrivée, au détour.
Et l'âme solitaire, enfermée dans sa tour,
Se consume, enflammée lentement, à rebours.
Chassant le lion vert, de jouissance à cours.

## LXIII.

Allégorie élémentaire

Soleil celte anguipède, Abracax d'orient,
Le serpent chemine en la terre intérieure
Afin de ressurgir au matin triomphant.
De la falaise, il retombe à cheval, frappant
Le rocher dont jaillit une source qui pleure.
Vers l'horizon, tend la reptation rupestre.
Unification de l'unique élément,
Le souffle du feu larmoie son esprit terrestre.

## LXIV.
### Cavité oculaire

La réalité se tisse des consciences
Comme une toile arachnéenne où se reflète,
Au matin, rose étoilée, chaque gouttelette.
De l'angoisse innée tâtonnant dans le couloir,
Eclairée, l'introspection renaît par le noir.
Parmi le grand jeu d'étranges coïncidences,
Se mire ainsi qu'en un œil clos inflorescent
Vers l'intérieur l'hermétique firmament.

## LXV.
### Le Livre fermé

Figuration du nombre aux démons alchimique,
Se trace une ombre en la rose géométrique.
L'empire se compense au poison chimérique.
Des gargouilles en œuf calculant l'or mystique,
Hurle sa goétie, cathédrale gothique.
S'enroule en soi, la passion, serpent empirique.

## LXVI.
### Devise

Dans le frémissement de chaque brin de plante,
En l'infini des vies où le corps se sustente,
Intégrant leur substance, incarnation vivante,
Evolue et se meut une âme universelle.
Et s'insinue du minéral chaque parcelle,
Que subtilise, aspiration surnaturelle,
La géométrie, qu'organisme, cristallise
La guématrie du nombre abscons qui s'organise.
La matière, pour s'unifier, se divise.

## LXVII.
### L'Œuf cosmique

Extase héliocentrique, entre en soi l'infini.
Comme un globe en vain gobé roule dans la nuit.
L'œil noir de belladone affleure par la bouche
D'une Vénus anadyomène au regard louche.
Chaque planète, ainsi qu'un dieu, son influence
Exerce en une synchronique sénéfiance.

## LXVIII.
### Déception

Les hommes et les animaux se côtoieront.
Le merle se posera sur le doigt bouffon.
Le mal profite quand s'éclipse la raison.
Souffle expiré d'une secrète inspiration,
L'absence de l'esprit laisse place au démon.
Le sage rêve en sa selle d'airain, porté
Vers les astres de la nocturne immensité.


## LXIX.
### Le Compas de Saturne

Le pied du druide frappe, en sa géométrie,
Le nombre d'or et la proportion d'infinie
Mise en abyme en le roc, réseau d'araignée.
La lumière ondule, alvéoles épanouies,
Comme un prisme déroulant ses mélancolies.
L'astre neuf resplendit ; déesse mâtinée
Par cette chaude germination fécondée,
Creux d'un fer à cheval au solstice, à l'ondée
Se formant de gouttelettes vaporisée.

## LXX.
### La Isla de las Muñecas

La cabane au bord de l'eau craque un soir d'été.
Comme un vieux pêcheur sur l'Ile des Poupées,
S'il les ramasse, elles se mettent à bouger.
Ces épouvantails d'âmes, ombres accrochées,
Sous son large sombrero, passe le nocher.

## LXXI.

Par un trou dans la roche où l'océan pénètre,
Un vertigineux chant de sirène me parle
Comme une apparition spectrale à la fenêtre
De l'escalier obscur du *Canterbury castle*.
Au loin roule un orage en le ciel éclatant
Ainsi qu'un nuage suspendu par le vent.

LXXII.
Ataraxie érotique

Aphrodite au regard louche voit, troublement
De son angoisse hésitant en un tremblement,
Le double labyrinthe où, serpentant, se glisse
De crainte, l'infime lueur par l'interstice.
Pénétrant en le naos de la pyramide,
De l'imagination plus loin l'œil se plisse,
Illusion ajustée d'un Oudjat humide,
Comme contemplant les bergers en Arcadie
Un autre char de Phaéton à son échelle.
De Jacob en songe où sa brebis s'échevelle,
L'âme solitaire, embrasée, monte, transie,
Tel le cri d'une nymphe nocturne, albe fée
Qui se fane, en son galbe métamorphosée.
Mais Vénus, chevauchant le bouc, suit son étoile
Sous le firmament assombri qui se dévoile.

## LXXIII.
### La Coupe tombée

L'éveillé se retourne saignant en sa bière.
L'autour plane autour d'un chamanique mystère ;
Druide, enrobé de sphaigne, dort dans la tourbière.
D'Osiris l'organisme vert de connaissance
Tel un mécanisme d'or, nouvelle naissance,
Mue ainsi qu'un bulbe ou le serpent au soleil.
Surnage la fée d'une illusion fatale.
L'incarné chute en soi-même, abîme hermétique,
Univers se reflétant, joyau mimétique.
La flamme matricielle inverse son Delta
Renversant les ténèbres baignant son aura.
L'âme passe à l'orient sur un lac vermeil
Mirant en son trouble un cosmos mis en spirale
D'un calice tombé tournant avec justesse
Dans un tintement musical de prophétesse,
Pierre animant l'esprit en sa proportion
D'un soufre au souffle géométrisé, passion.

## LXXIV.
### Les Protections hostiles

Structure astronomique, en démonologie,
Se cristallise, éclaté de la goétie
D'un hurlement cosmique, un symbole vivant.
Un cortège de divinités rencontrant
-Chacune a son monde, hybride, Harpie, éléphant,
Chacun ses attributs, griffon, Phœnix enfant
Dont la voix de cristal le charme de son chant,
Le chacal, chien de garde des tombeaux qu'il pie,
Toucan cannibale, Anubis, chameau parlant…
Et chacun flatte et prie la nuisance ennemie.-,
L'âme errante dans le noir suit la chouette amie.
L'inconnu familier, au plus trivial instant,
Se retourne soudain, d'un visage en passant.


## LXXV.
### Protestation

Les Djinns des égrégores culturels s'accrochent
Des fantômes cultuels qui encor se rapprochent.
La croyance de chacun croît en sa raison
Ainsi que d'un vampire accroché le poison,
Carapace qui ne mue qu'au soleil fécond
Où l'autre se regarde non plus ébloui
Par la lueur ténébreuse émanée de lui.

## LXXVI.
### Cécité introspective

Tel un faucon, plane la pensée sur le Monde,
Et se fond çà et là sur sa proie vagabonde
L'esprit qui danse, entre les œuvres et idées.
Erre l'âme en le limbe d'un ego plaintif.
Se superposent, d'éblouissements imprimées,
Les images perdues d'un futur primitif,
Tradition primordiale où les sons et couleurs,
Les nombres, les géométries, les équateurs,
En une diversité d'harmonie chimique
S'ajustent rassemblés en un symbole unique.


## LXXVII.
### Sensation aurorale

Saignant avec ses dents le chevreuil qui frémit,
Le sang du seigneur né revient de son oubli.
Wolfdietrich, maître des loups, s'éveille ébloui,
En la sylve entrelacée comme un sarcophage.
Le sauvage remue, secouant le feuillage.
Non loin se meut lentement, transi, le village.

## LXXVIII.
### Retour spatio-temporel

Rentrant de forêt par un chemin différent,
Le rêveur pénètre en un monde parallèle.
Tous, presque, sont là, chacun a perdu son rang
Après le cataclysme. Et la ville nouvelle
Erre dans les bois. Des temps, culture charnelle.

## LXXIX.
### L'Harmonie des Cordes

Oscillation fixée au lointain solstice,
La précession telle une toupie balance.
D'une transe inconnue par nos yeux, la danse,
Que la parfaite géométrie du ciel tisse,
Gnomon trapu, sous le soleil serpente en S.
Dans l'iris de Sigurd, un ouroboros boucle
Comme un autre dragon sa sphère en escarboucle.
La magie du verbe, en mécanisme hermétique,
Insuffle son esprit, guématrie mimétique
Dont certaine unique réalité s'implique.
Résonne comme un cri rauque le chant de Bes.

## LXXX.
### La Mort d'une abeille

Elle est tombée sur une chaise.
Et, dévorant un bois sucré,
L'autre succomba dans son aise.
Le psychopathe, Indien d'été,
Contemple avec sa compassion
Les limites de la passion.


## LXXXI.
### Solstice secret

Au pied du Mont Saint-Clair pétunant ma pipe,
Je me souviens de traditions séculaires,
Dans le crépuscule d'un sang aux lignes claires.
De Cathares, de Templiers, vivants mystères,
D'hermites plus anciens, de druides. Par ma tripe,
Circule un démon remonté depuis la plante
De mes pieds attiédis dans la mer grouillante.


## LXXXII.
### Absence astrale

Adam-Kadmon, au corps constellé correspond
Le périsprit qui se lève, autre vagabond.
Somnambulisme d'un marcheur de rêve ancien,
L'égaré, de ses autres vies, remords, revient.
Comme une momie par son âme délaissée,
Le dormeur gît, laissant entrebâillée l'entrée.


*Les Coquecigrues*

## LXXXIII.

Anissa d'amour, cheveux d'ambre et de réglisse,
Se souvient de l'anis de tes yeux verts obscurs,
La plage pailletée, d'un paradis prémice,
La douceur, amèrement, de mes rêves mûrs.
Réfléchissant nos deux regards, le tien se plisse.
O beauté absolue, en des soirs fugitifs,
D'une promenade au mont des couchants plaintifs.

## LXXXIV.

La pensée se meurt à ses passions ne détendre
La fleur nouvelle à force encor de se défendre.
Car le corps se sent fondre, affleurant, soupir tendre.
Sarcophagie de l'âme enfermée en scaphandre.

## LXXXV.

Mais la porte des esprits va se refermer.
Au revoir, souvenir au rêve enchevêtré
Telle une sylve encor à l'obscure clarté.
De la fête des morts les astres ont tourné.

## LXXXVI.
### Planche

Je suis bien parmi nous, mes Frères,
Les passions ont leurs mystères,
Pensées des joies mélancoliques.
L'autre s'abîme en ses optiques,
Infinie introspection.
Comme en une chaîne d'union,
Souvent, un sourire aux yeux tristes
Ouvre l'énigme de ses pistes.
Alors, la personnalité,
D'un chemin trivial divisé,
Lassée par la banalité
Plonge enfin vers les profondeurs.
Pris au piège de ses ardeurs,
Se tait l'âme pour le savoir
Où seulement son cœur sait voir.
Je suis bien parmi nous, mes Frères.


## LXXXVII.
### Le Paradis et l'Enfer

Les bienveillants, les mauvais, par affinité
Se regroupent, légions, qui forment la structure
Céleste, obscure, parallèle surnature.
Cependant que l'amour s'unit dans la clarté,
La meute se déchire, autre complicité.
Car, qui se ressemble s'assemble par nature.

## LXXXVIII.

En l'éclair d'une idée, voyager par les temps,
Des philosophies éprouver les sentiments,
Qu'il est dur de soulever le lourd sarcophage !
Nous le traînons, craquant d'un bois que, nécrophage,
Dévore un univers, termites sans visage.
Putréfaction envolée des corps absents.

## LXXXIX.

Le rêveur vole et s'incarne tel un faucon
Qui fond en métamorphoses sur le bison.
L'esprit accroché se mélange et se confond
Dans la chair dont l'âme avait oublié le nom.
Qui frappe d'émotion comme un papillon,
La transformation traverse le plafond.

## XC.
### La Carte royale

Par le cheminement de lames mimétiques,
Les nombres se combinent aux formes chimiques.
Les larmes du soleil retombent sur la terre ;
Revient tel un pèlerin, le fou solitaire.
L'Ouroboros se pèle de ses mues nouvelles.
Et géométrisent du ciel les étincelles.

## XCI.
### Feu d'artifice vespéral

Le souvenir d'une antique veille éblouie,
Crépuscule marbré de pourpre au vert suspecte,
Mêle ses couleurs comme un socle sulbanecte.
La vieille en l'ancien piédestal accroupie,
Pleure la rosée d'une illusion prophétique.
La pyrographie retombe, aube pathétique.


## XCII.

Une branche qui se balance forme un bec
Au démon découpé par l'ombre qui s'anime.
Le nez pointe dans l'eau, de goutte en cercle avec
Un rythme d'or à l'inexactitude infime.


## XCIII.
### Les Intrus temporels

En un souterrain, par des arcades gothiques
S'enfonçant dans la terre en forêts oniriques,
Débouche la sylve au désert d'oiseaux mythiques.
Les rapaces nous suivant, métamorphosés
En chasseurs chevaleresques à l'arbalète,
Braconniers ailés aux harpons en arête,
Lancent de longs cris guerriers et nostalgiques.
Se referme un arbre ancien sur les traqués.

XCIV.

A force de répéter nos jours, vase clos,
L'humain se civilise en esprit malfaisant.
Les consciences se meuvent tout en se mirant,
Ankh en alpha son signe d'infini bouclant.
Le réel se cristallise, et du firmament
Se reflète toujours plus le mystère éclos,
Comme une rose en abyme. Et futur d'avant,
De la fin sans appel se meurent les échos.


XCV.

Par une contrée fleurie de lait et de miel,
Le marcheur de rêve avance dans un tunnel.
Auréolée d'un éblouissement vermeil,
L'âme, comme un faucon, rentre dans le soleil.
Le corps partagé tel un pain dionysiaque,
Symbole du Grand Pan, renaît entier en chaque
Métamorphose osirienne d'animaux.
L'égrégore prend chair par des esprits géniaux.

## XCVI.

Chaque âme a sa musique, personnalité
Symbolisant l'or de multiple unicité.
Le sage est un philosophe qui se promène
Dans un jardin de roses, respirant chacune.
Tous les sens, éblouis, ont sublimé la haine.
Car l'amoureux de la sagesse la désire,
Le mari la possède, en sage sans rancune.
L'Univers dans chaque cœur intime s'inspire.
Le chercheur chemine, le juste est arrivé.
Celui qui se morfond a soif dans le désert,
Trébuchant dans le sable ; l'autre est étanché.
Seul l'obscur, dans le noir, contemple la clarté
Comme un admiratif et solitaire amant.
L'arrivée s'abîme en le sentier serpentant
Si la vertu fuit le tuteur de l'arbre vert.

## XCVII.
### Essaimage

Sous la dalle scellée, pénitent inhumé,
Comme après une marche trois jours au désert
Un cheval sans nom revient de son enfer,
Le songe ébloui trépassant l'arche d'airain
Accède au neuvième niveau du souterrain.
Renaît l'œuvre solaire en esprit consumé,
Ainsi qu'en l'alvéole d'un mont séculier,
D'un sanctuaire octogonal à Montpellier,
Ou, de retour d'Orient, colonne franciscaine,
Une crypte non loin de Marie-Madeleine.
Sous le pavé du temple s'ouvre enfin la porte
Pour l'âme décomposée qui en vain n'est morte.
Car le jour nouveau par sa main son flambeau porte.

## XCVIII.
### Les Veilleurs déchus

Le ciel grondait d'une tempête de feu,
Déluge dont criait la trompette sur le bleu
De la voûte nocturne en un sanglant éclair.
De sous la croûte où vibrait l'azur d'un éther
Souterrain, vinrent des fourmis humanoïdes
Secourir les primates aux berges humides.
Ainsi les sympathies psychiques qui nous virent,
Réciproquement, par télépathie, s'inspirent.
Or, grimpèrent s'ajustant géométriquement
Les temples en flammes d'or sous le firmament.

## XCIX.

Sautant par dessus le feu du solstice,
Traverse les éléments le passant.
Comme en le ventre d'un Moloch ardent
Ou d'un mithraeum par la matrice,
Le passé croît du regard conscient.

## C.
### Archétype infantile

Le gardien, démon sumérien, l'Homme des pluies,
De la forêt vierge de cèdres, au Déluge,
Dans les coins sombres des plafonds trouve refuge.
Ainsi qu'en le coffre d'une arche en boiseries,
Les forces de l'obscurité se sont enfuies.
D'un songe éveillé, veille, debout solitaire,
Tel un valet de pique, le fol angulaire.
Hermès Strophaïos grince dans le placard,
Réminiscence d'un enfantin cauchemar.

## CI.
### Niche de pierre

Barbe, de la sainte au pied blanc,
Jouant de la flûte de Pan,
Un vieux faune crache un feuillage
Comme enraciné dans sa gorge ;
Sédentarisé, le sauvage,
Violemment, crie des gerbes d'orge.
Ainsi que le crâne adamique
Dont l'émotion fait la mimique,
D'un sanglot ravalé, s'écoule
En sa robe de sang, la goule
Sumérienne dans le grès gris.
Poussière en vol, l'esprit s'est pris.


## CII.
### Correspondances corporelles

Pointant le doigt de Saturne à son troisième œil,
Aux deux vierges et puis au plexus solaire,
Se referme sur le cœur, s'ouvrant à son seuil
Le signe de l'Ankh inversée comme une herse.
Parmi le firmament du corps, le soleil perce.
L'oreille longue inspire en musique aurifère
Le rythme oublié dont vibre en girant chaque sphère.
La sagesse de l'âne a croisé son mystère,
Voyage de l'âme animée, feu de la terre.
Tire son or d'Hermès l'infime auriculaire
En la structure de sa spirale oculaire.

## CIII.
### Du Signe des Poissons

Chasseurs sous-marins des fonds de la Mer Baltique,
Le chant des sirènes ondule, pathétique.
Esprits environnant le plongeur onirique,
Scintille des cétacés la pensée magique.
Portant l'enfant affectueusement, le critique,
Les pupilles dilatées, remontant la crique,
La fille de la mer ; l'observe mimétique.
Par l'attraction d'une humanité sympathique,
Le primate étreint son frère préhistorique,
Touchant sa main palmée d'un attrait magnétique.

## CIV.
### La Porte du Lion

Antique dieu moyen-oriental,
Pégase pourfend l'éclipse en cheval
Ailé ses étoiles déployant
Ainsi que les myriades d'yeux d'un paon.
Tel Sleipnir, environné d'éclairs,
S'ouvrant au solstice, frappent ses fers
Dans l'orage qui tonne en les éthers.
L'autre gardien, d'un taureau blanc l'élan,
Semble par un sacrifice fatal.
Sous la lune, se dévoile la Dame.
L'âme devient la voûte sur la flamme
Gonflée d'une passion que tisse un drame
Par les constellations se nouant
Ainsi qu'un interminable serpent.

CV.
Métamorphoses d'Isis

Architecte inspiré par un ordre divin,
Le dernier descendant de Lilith et Caïn
Fait dissimuler le trésor, tubes d'airain,
Dans les piliers, par l'art de Tubalcaïn.
L'insecte parcourt le pentacle arachnéen,
Sphinx à tête de mort, inceste osirien.
Le sexe argileux se ranime à son venin,
Quand le serpent tait son langage féminin.

CVI.

Le feu chthonien, tel un soleil intérieur,
Rayonne pareil à un œil introspectif
Dont l'avenir devine un rayon primitif.
Et l'Homme sue des larmes de sang de son cœur
Rougeoyant comme en le sein d'Adam Kadmon,
Enceint de la pierre crucifiée au Mont.

CVII.

Esprit des eaux

Comme un panier flottant dessus le marécage
Parmi les roseaux parfumés par la nuit bleue,
Le moudhif aux reflets du feu du soir surnage.
Clapote d'un crocodile ancien la queue.

CVIII.

Minuit glacé

Dans la nuit brumeuse de glace étincelante
Comme un reflet voilé de l'ogive céleste,
Chante, ainsi que pétrifiée, la forêt vivante
Où souffle au loin la bise en sa splendeur funeste.
Comme une caverne étoilée, s'ouvre la voûte
Constellée bleue de structures géométriques
Où évoluent des figures mythologiques.
A l'entrée de la grotte, on entend une goutte.

## CIX.
### Connexions animales

Nourris des avenirs, se meurent en passés
Les échos irraisonnés des compassions
Comme le frisson d'étranges prémonitions
Qui s'échangent des informations, plaintif,
Parcourant les cuirs chevelus, électrisés.
Des profondeurs de l'inconscient collectif,
Résonne le réseau du nombre primitif.
Sapience innée reflétant les constellations,
Clémence de Titus, résolues sont les clefs.

## CX.

Ailes d'un petit ange blanc
Qui de ses maracas se grise,
Les pavots chantent dans la brise
De la nuit bleue d'orient.

## CXI.

Souvent, on les accusait d'être belliqueux,
Mais leurs yeux ténébreux comme la tempête

-Les siens plus clairs, jour triste se reflète.-
Exprimaient l'air d'un chagrin nébuleux.

CXII.

Les Cris dans le Ciel

Une nuit nimbée de périgée-syzygie,
Tournant au loin, dans le ciel ténébreux, crie,
Semblant une nuée grinçante de mouettes,
Une rumeur cliquetant par les monts brumeux.
Sur le toit de la maison, la clameur résonne.
Le curieux ouvre la fenêtre. Personne.
Derrière une opacité laiteuse, trompettes
Dodécaphoniques, soudain, silence au creux,
Avant de revenir, assourdissant, aux crêtes.

CXIII.

Vénus dans la constellation de la Chèvre
Rentre à la bergerie d'une légende ancienne.
Dans l'aube traçant la rose pentagonale
Des splendeurs illuminées de sa lueur pâle,
Aphrodite Epitragia se mordant la lèvre,
Lilith, goule aux dents vampiriques, sumérienne,
Ravale encor le sang qui couvre son sein blanc
Comme une robe de nuit, le bouc chevauchant.

## CXIV.
### Symphonie baroque

Toujours, le symbole est réuni dans l'épars,
De la conscience enfin sous les yeux hagards.
Buvons sans fin la faim de sagesse infinie,
Afin que jamais la quête en philosophie
Ne s'achève, en l'universelle symphonie.


## CXV.
### Nachtzehrer

Le cheval noir a rué devant le tombeau ;
Le suceur d'esprit rêve, marchant dans la nuit.
Le manteau blanc s'écoule sur le dormeur beau.
La stryge mord dans la gorge, sanglant jabot,
Le corail spongieux noirci d'ombre et s'enfuit.


## CXVI.
### Eucharistie

Sur le chemin sinueux du dieu vagabond,
Le serpent mord le fruit dont le sang l'enivre,
Comme un caducée de sagesse et de passion.
Revenant des Enfers, le sacrifié se livre.
Arde le chant grotesque du bouc émissaire
Dans la caverne où s'accomplit l'ancien mystère
Quand des ténèbres, à nouveau, naît la lumière.

## CXVII.

Dans la forêt de tintements illuminée,
Fleurie de clochettes grelottant dans la nuit
En une symphonie chantante et colorée,
La sylphide se retourne et meurt embrumée.
Embaumée de senteurs, la sphynge au loin luit.
Mon pleur se souvient de la nymphe évaporée.
Et sous la pluie nage l'ondine éplorée.


## CXVIII.
### Possession du Réel

Avenir éclairant son possible passé,
L'émotion structure la rationalité.
Le Phœnix androgyne avec sa voix d'enfant
S'élance entre le Monde, le réel charmant.
Solitaire, s'écrie le destin partagé.
Se tait le chant secret, s'intériorisant.

## CXIX.
### Yézidisme

L'Ange couvert d'yeux de paon,
Tel un avatar du Grand Pan,
Des reflets de son aile, éclaire,
Conscience de sa lumière,
Les formes, Chaos ténébreux.
Ainsi qu'un globe nébuleux
Voyant toute illusion vivante,
L'âme volette, omnisciente.
Vers son centre, se déployant,
Sa flamme violette s'épand.
L'Univers en soi se contemple
Dans chaque pierre de son temple
Unissant leurs échos complexes
Comme un jeu de miroirs convexes.

## CXX.
### Infanticide

Dès l'enfance, je voulais tout le temps finir ;
Je mettais ma tête en bas avant de dormir.
Saisissant un flacon pour boire de la soude,
L'*infante* s'est brûlé la langue qui le boude.

## CXXI.

Sur la mousse assise à la borne,
Se balance, en vain, l'étrangère.
Il veut mais il ne sait pas quoi,
C'est l'ivresse du guerrier, coi.
Une petite chouette en corne
Me salue sur une étagère.
Et toujours remporte la mise,
A l'angle de la porte au mur,
Le messager grinçant, obscur.
Le miroir enfin terrorise.

## CXXII.

Le vent retourne les feuilles désenchantées
D'un arbre de Judée qui semble des nuées
De sphinx odorants dont palpite en vain le germe.
Dessus le chemin, la charmille hantée frissonne,
Dans la ruelle blafarde, une nuit d'automne.
Un adorant de son thorax qui se referme,
Enlace son cœur tel un sarcophage enclos
Qui se réveille et bat de son couvercle clos.

## CXXIII.
### Pour Elise

Caressant ton visage, et toute exquise
T'enrobant, Elise, de ma tendresse,
Le gris d'argent de tes yeux me grise.
Filtrant ainsi qu'une douce promesse,
Mon rêve, à peine, dans mes bras, sans cesse
Ton sourire ose effleurer de surprise.

## CXXIV.
### Ardeur ténébreuse

Quand son buste est secoué soudain, dans le cœur
Frissonnant, la passion ressent la froideur.
Le spectre absorbe l'énergie, stupeur glacée.
L'éclair d'Amour frappe de la nuit de son œil.
Profond ; l'iris des chevaux mire un autre monde
Où l'esprit embrumé sur ces lacs vagabonde.
Dans la pénombre, qui lisait sur son fauteuil,
De la vieille asséchée, combustion spontanée.

## CXXV.
### Emanation

Grince ses vocalises des vanités mortes,
Le messager ténébreux à l'angle des portes.
Tel un valet de pique en un miroir, servile,
L'intrus bouscule le maître ; arachnéen, file.
La rose de Vénus a tissé son abîme,
Chevauchant le caprin de sa course anonyme.
La lumière, au volet, éclaire son angoisse
Au tâtonnement d'un sphinx dont l'aile se froisse.
Hermès dionysiaque, il bout, sage colère.
Le bouc de la caverne a sacrifié son frère,
Corps d'argile osirien reconstitué
Quand triomphe le souverain destitué,
Car le Faune nomade inverse son mystère.


## CXXVI.
### Métempsycose universelle

Comme une dévoration qui construit le corps,
Nous croissons de nos incarnations génétiques.
Divinisation de la particule infime,
Chaque individuation son essence intime.
Pareil à l'Univers aux expansions cycliques,
L'Homme, en sa chair, s'inspire de souvenirs morts.

CXXVII.
Der Sandmann

Comme un soleil sous le fouet d'un coq anguipède,
Gire la faux de Saturne en Roue de Fortune.
La silhouette se forme au sable de la dune,
Figure grinçante en l'oreille qui l'obsède
S'insufflant telle une inspiration goétique,
Sagesse évaporée d'un délire pythique.
L'enfant, se frottant les yeux, attend le marchand,
Ainsi qu'un Moloch d'or vaporeux, en tremblant.

CXXVIII.
Regard cordial

Les quatre Gardiens des éléments,
Des cathédrales ornant les tympans,
Restent fixés sur la voûte étoilée
Comme d'un dais les piliers aux pans.
Le cœur de chacun rouvre sa paupière,
Réveillant sa géométrie de pierre.
Roule du ciel la vision englobée,
Révulsée tel un œil introspectif.
La disposition des monuments
Retrouve son mouvement respectif.

## CXXIX.
### Biochimie

Comme une Pythie robe de sang enivrée
Des lauriers de quelque gloire imaginée,
L'empoisonnement chimique entretient la vie.
Dans les ténèbres délictuelles de l'ennui,
De l'imagination délectable infini,
Délicieux envenimement de l'envie.


## CXXX.
### Hermétisme en abyme

Proportion du Temple neuf, en ses diagonales
Au solstices croisées, traditions primordiales,
Le Khi de Saint André situe le lieu de l'Arche.
Puis en Ethiopie, portée par la longue marche,
Dans l'œuf , la gestation de la pierre s'ouvre
En croix où la voûte étoilée ses métaux couvre.
Couvé par le Phœnix, se redéploie le Monde
A l'origine inconnue de sa perle ronde,
Abîme d'une sphère dodécaédrique
Où des astres se joue le destin magnétique.

## CXXXI.

Le réel onirique
Se structure, organique.
Les incarnations brèves
Croisées entre les rêves
Echangent les messages
De destinées sans âge.

## CXXXII.
Gnose cellulaire

Le Soleil reflété, se prenant pour l'Unique,
Semblant un lion dans le vague océanique,
Dédouble sa lumière, prisme en alvéole.
L'œuf du Monde, alchimique, comme un œil ailé
Vers l'abîme de son introspection vole.
Telle une rose en sa perspective, miré,
Le dodécaèdre ajuste un astre visé,
Tracé de figures en canevas croisé.

## CXXXIII.

Les racines entrelacées des origines
Remontent au ciel des divisions divines.
L'unique et l'infini se fondent, homogènes.
La réalité se réincarne en nos gènes.

## CXXXIV.
### Gestuelle

Collant ses mains sur terre, et puis vers le soleil,
L'Egyptien prie, mettant ses sens en éveil.
Ouvrant son troisième-œil, Oudjat contemplatif,
L'ébloui accomplit un rituel méditatif.
Renaissant, le djinn construit sa chair d'égrégore
Parfait ainsi que le lotus qui vient d'éclore.


## CXXXV.
### Imprudence

Une fois le Diable offusqué,
Il réalise tous les vœux.
Car de terreur paralysé,
Se terre l'insolent pieux.
Et par tous ces plaisirs grisé,
Se prépare un manège affreux.

## CXXXVI.
### Sous le Nez du Sphinx

L'eau du Nil monte aux chambres de la Pyramide,
Profanation cyclique oubliée de l'antique.
Résonne la clepsydre en le ciel, qui se vide,
De ce système dans l'éther comme une ride
Dont se répand l'aurore en ondulation.
Ils ont choisi le chœur rocheux de vibration ;
Des tertres enfouis s'est fermée l'initiation.
Par déluges, renaît l'archipel atlantique.
Temple inca du feu, coule une lave aquatique
Où le soleil nouveau mange le cœur du Druide.

## CXXXVII.
### Phylogenèse

Mains immaculées de l'intention pure,
Se végétalise sa nourriture.
Le crâne du veau boit, glacé, l'enfant
Développant son humaine stature.
Des instincts belliqueux apaisement,
S'atrophie le cerveau intelligent.

## CXXXVIII.
### Catoptromancie

D'un miroir ancien, tunnel vers l'au-delà,
L'ancêtre observe ainsi que par une fenêtre.
Mais aussi quelque chose qui rampe et qui gratte,
Eblouissement obscur au visage écarlate.
Caverne initiatique où l'âme va renaître,
Le corps ténébreux se dévêt de son aura.

## CXXXIX.
### La Bure

Au lieu-dit lunaire druidique en Côte d'Or,
Nom pareil à celui du camp celte au nord
Des monts de Vogesus, en la commanderie
De chevaliers anonymes sans effigie
Qu'un glaive, sont gravés les signes des outils
Sur la pierre où sommeille qui les a bâtis.

## CXL.
### Farce rhénane

Eclatent d'un gras rire au milieu des sanglots,
Visages incarnés de leurs miséricordes,
Tels de moines affaissés, languissantes hordes,
Les fous encornés de leurs bonnets à grelots.
Dans l'arche miaulant comme un millier de cordes,
La cacophonie s'harmonise des discordes.
Et l'existence plonge en des mondes nouveaux
Que ces ondes sans fin creusent dans leurs cerveaux.


## CXLI.

Les ombres éclatant de l'unique lumière,
De la rose du crépuscule à la frontière
Décompose en rayons les nombres aux racines
Carrées en croix, quatuor en rose quintuple,
L'iris miroitant de la conscience au tiers
Où s'humanisent des proportions divines.
L'inconscient s'observe, illusion d'un tiers.
Dans le prisme miré, se retourne l'œil duple.
L'étoile du matin, dans le milieu de l'aube
Triomphe au soir tombant de sa nocturne robe.

## CXLII.
### A Guiot de Provins

Calice d'un sang réel au jour de Vénus,
Versé en un Delta de flamme où l'oculus
Revit au bout de trois jours, par son loculus

Revenant des Enfers du monde souterrain,
Comme un serpent sage écorché, le pèlerin,
Ou l'enfant par d'un Moloch le ventre d'airain.

L'émeraude teintée d'une pourpre royale
Accomplit l'or de sa gestation fatale.
En le sein clair luit la pierre philosophale.

## CXLIII.

Symboles animaux tournés en dérision,
De l'araignée géométrique sans raison
L'Ouroboros cloué se mord de son poison.
Chèvre où Vénus rentre au bercail de sa Maison,
D'Aphrodite épitragique à califourchon,
Le serpent mue, mort-né de l'initiation.

## CXLIV.

Comme deux objets semblables n'existent pas,
La dualité dévie de façon subtile,
Pareille à la coquille en spire d'un nautile.
L'intacte unicité s'ajuste d'iotas.

## CXLV.
### La Pyramide inversée

Caveau caverneux de Sainte Anne,
Déesse oubliée d'un tertre chamane,
Craque la montagne aux deux tiers, mouvant,
Dune au cinquième levant
De Vénus la branche tracée pointant.
Géométrie des sables d'or,
La réalité des rêves s'endort.
Temple souterrain du soleil,
Gronde du chevalier le sommeil.

## CXLVI.
### Les Détours du Dragon

Dans le sein clair de la pierre cubique
Déployée, resplendit comme une rose
Le cœur lunaire d'un corps alchimique.
Serpent crucifié, se métamorphose
Le chemin des esprits élémentaires.
Le mythe agit, gnose aux vivants mystères.

## CXLVII.

Labyrinthes boisés au parfum épicé
Où se balance en grinçant la lanterne verte,
Au fond d'une cave oubliée, se tire, ouverte,
La fondation d'un fût de soies entrelacé.
Odeurs embaumées de bouffées d'un sommeil doux.
Et d'ivresse halluciné de rêves vaudous,
Danse le linceul innocent sur le radeau
Que l'enfant prenait pour son lit comme un bateau.

## CXLVIII.

Inspire en courant glacial une âme morte.
Courant d'air imperceptible, l'esprit cursif
Tout juste sort de la pièce au coin de la porte.
Le poursuivant s'enfuit comme un valet furtif.

CXLIX.
La Lignée du Pêcheur

Pilier de l'Apprenti tué par son maître,

Se perpétuent alentour les écrins
Où songent les têtes baphométiques

Des sculpteurs, de la veuve et d'ancêtres druidiques.
La plus ancienne est derrière la chute d'eau,

D'une grotte oubliée. Près, fleurit l'églantine
Sanglante ainsi qu'une proportion divine.

Dans le rocher, la petite fenêtre
Devine un dédale de souterrains
Où seul un puits descend. Dans le caveau
De la chapelle a situé le solstice,

La dynastie secrète. A Glis, l'axe se glisse,
Menhir renversé de la crypte originelle,
Comme autrefois sous la voûte étoilée d'Andlau,
Se tordant presque le cou, roulant sa prunelle,
Suivant le regard de l'ourse sous la bâtisse,

Tel du soleil d'or un clin d'œil complice.

## CL.

Un filet d'eau dans les canalisations
Parle une voix humaine empruntant ces canaux.
Projection d'esprit des transcommunications,
Résonne le tout dans chacun par leurs réseaux.

## CLI.
### Les Teuthides

Le céphalopode ondule de ses couleurs
En un rythme saccadé ainsi que des pleurs.
Intelligence aux tentacules accrochée
Des soupirs obscurcis d'une chair atrophiée,
Eclosent d'encres embrumées d'octuples fleurs.

## CLII.
### Bonne Chère

Sous la voûte étoilée d'un temple souterrain
Où le soleil renaît du fond de la caverne,
Se dissipent les ombres d'une illusion terne.
Sur des bancs de pierre sous l'œil à triple cerne
Où le rit se souvient d'un mythe sumérien,
Le taureau sacrifié verse son flot de vin
A l'agape frugale en ses chairs imbibées
Comme un pain que déchire un Phrygien de sa main,
De sa chaire, invitant les chères éclairées.

## CLIII.
### Occultis Sanguinem

De branchages inextricables et mouillés
Aux confins d'une contrée de rocs désolés,
Tournoie le château périlleux d'une île morte.
Le solstice en la lune se mire à moitié.
Nul pont-levis pour s'aventurer à la porte
Du labyrinthe clos où dort le roi castré,
Vieux pêcheur tournant de l'Ichthus les clavicules.
Sang de pierre, éclosent en rose les globules.


## CLIV.
### Le Scribe akashique

L'œil miroitant de la jument cauchemardesque
D'un autre monde en spire enroulé l'arabesque
Comme un lac brumeux où s'engouffrent les esprits.
D'un plan où toutes les époques coexistent,
De prophétiques incursions nos pensées pistent.
Derrière une chute d'eau, dans un labyrinthe,
Le vieillard cherche la feuille de bananier
Comme un parchemin où chaque destin gravé
A sa place juste a gravé sa frise peinte.
L'ancêtre druidique inspire ses écrits,
Dans sa chair génétique, il est possédé, presque.

## CLV.
### Les Portails

A travers un vieux soupirail,
Rougeoyant ainsi qu'un vitrail,
Par un ancien puits à cendre,
Un trou d'enfer semble descendre.
Le gouffre de verre en spirale
Reflète une angoisse orbitale.
Après la nuit bleue, flamboie
Le brasier où le vide aboie.
Telle une niche, secondaire
Loculus, arde l'ossuaire.
Tremblant des flammes du grillage,
S'étirent les traits d'un visage.
Mais, des entrailles de la terre,
Soupire un peuple délétère.


## CLVI.
### Déséquilibre parfait

Dans le labyrinthe illuminé de symboles,
L'élu du destin s'avance avec scepticisme.
Sa course de Judas contourne les oboles
Que l'existence éparpille à travers son prisme,
De l'être universel fidèle trahison.
La conscience, œil retourné, cueille l'émeraude
Comme une rose en abyme où il se contemple.
Retourne à son centre, non le Prieur, mais Claude,
Ainsi qu'en un escalier en colimaçon.
La pierre hermétique est devenue le Temple.

*Les Coquecigrues*

## CLVII.
### Opération

Tel un mineur, l'esprit humain cherche le jour,
Creusant la pierre occulte de son cœur de flamme.
Comme s'engouffrant, remontant, par maint détour,
Un passage ogival de l'Œuvre Notre-Dame,
Une œuvre d'art se sculpte, aux entrelacs d'amour.


## CLVIII.
### Dédales païens

Labyrinthe en spirale du quartier Sainte-Anne,
Fleurit en son centre une église templière
Comme une rose étoilée de Vénus profane.
A Pfaffenheim, des Druides table de pierre,
Le chemin serpentant s'enroule en escargot,
Traçant la renaissance, or d'un soleil nouveau.

## CLVIX.
### L'Angle mort

Sous la voûte étoilée de lucioles, des bois,
Le vent des esprits soupire un rire narquois
Comme un chant coi dessous la charmille glacée
Par un hiver figeant la nuit étincelée.
Du coin de l'œil, passent des ombres inconnues
A travers les griffures des branches fourchues.
D'entre les rameaux des sapins dissimulée,
S'obscurcit la caverne au chaud de frissons froids.


## CLX.
### Normalité

Etonnement soudain
D'avoir un corps humain,
L'enfant reprend conscience
D'une réminiscence.
D'où est-il revenu,
D'un avenir revu ?
Prémonition limite,
L'âme, au dessus, lévite,
Chevelure invisible
Tel un réseau sensible.
Mais la coïncidence
Du désir se condense,
Destin du hasard pur,
Souvenir du futur.

CLXI.
Tableau chamanique


D'après Jóska Soós


Souriant du regard, comme un petit oiseau,
L'esprit bienveillant semble taillé à la faux
Ainsi que d'un fouillis de crochets dans le voile
De la réalité. Des lames s'incarnant
Par la projection d'un éblouissement,
Prend forme dans l'œil la vision géométrique,
Chaos d'un assemblage fantasmagorique.
Dans les ténèbres, soudain, le voilà plongé
Filtrant à travers l'éclat de l'obscurité,
Tel en un miroir plaquant ses mains sur la toile.


CLXII.
Quatre-cent-vingt-et-un


Comme en un œuf philosophal dans l'athanor,
La vie décante ses blocs à remettre en ordre.
Les prismes se frottent, s'entrechoquent encor,
Tel un jeu de dés secoué pour mieux se tordre.

## CLXIII.
### Les Laboureurs du Ciel

Masse herculéenne, flamboie le caducée.
Quintessence sans passer cinq feux, étoilée,

Le petit roi arde ;
Flamme en son sein, tarde.

Animal
Primordial,

Le trou sombre par le tronc,
Chatoient les couleurs du paon,
Diffractées sur chaque plan,

Remontant des Enfers ainsi qu'un serpent mûr
De ses transmutations mué en dragon.
Fouetté de la plume, redescend l'or pur.


## CLXIV.

Affinité soudaine
Qui coule dans nos veines,
Se perpétue sa scène.
Nos formes tous changeons,
Incarnations obscènes.
Et nous nous retrouvons,
L'ancêtre, et puis savons.

## CLXV.

Nos pensées tiraillées d'influences psychiques,
Comme une toile étirée en constellation,
Semblent un jeu de répulsions magnétiques.
D'orbes spirituels la gravitation
Exerce, or, une mécanique attraction.
Du philosophe inspiré parle son démon
Par la bouche. Oubli tel de greffes organiques.

## CLXVI.
### Mon sphinx

Le papillon frissonnant tel un petit rongeur,
Que j'avais apprivoisé sur mon vieux bureau,
Paraissait, comme paralysé par la peur,
Fourrure beige, aux yeux noirs, un souriceau.
Ainsi qu'une âme échappée de chrysalide,
Le sphinx, abandonnant le sarcophage vide,
Une nuit tiède à quatre heures du matin,
Caché derrière la chaîne, aimait Chopin.
Car, à chaque fois, il se blottissait soudain,
Et puis, je le retrouvais le lendemain.

## CLXVII.
### Existence

Sapience universelle impossible au néant,
S'attire et se repousse en l'être conscient
L'atome écarté, devenir indivisible.
La matière n'est qu'une introspection sensible.

## CLXVIII.
### Le Voleur des Bois

Tête de Faune, crache en gerbes de feuillages
L'ivresse végétale où vaguent ses présages,
L'homme vert comme un songe d'un soir estival.
Baphomet de pierre, en corniche en piédestal,
Par un langage oublié d'imaginations,
Fait émerger la Mère des constructions.
Archétype ambigu d'un Père-Arbre d'Ukraine,
Le petit démon celte offre au piètre sa graine.

## CLXIX.
### Fantaisie japonaise

Sur le dos massif d'une tortue torturée
Par les enfants, vers le palais d'Otohimé,
Déesse aux cheveux comme une algue entrelacée,
S'en va le garçon, des mers en l'onde enlisée.
D'un paysage bleuté sombrant, nuancé,
Par des cavernes sous-marines remonté,
L'animal reconnaît sa générosité.
Quand, soudain d'êtres inconnus environné,
Le sage ancien s'oubliant s'est réincarné.


## CLXX.
### Le Rêveur silencieux

Le marchand de sable aux avatars hermétiques,
Démon poussiéreux, se reforme et s'enfuit,
Dieu mésopotamien dans la forêt gothique.
Le rêveur silencieux s'oublie sur le sentier
Où vibrent, subliminaux, ses sens, être entier.
Marchant solitaire en des contrées oniriques,
Pente familière, un loup s'approche de lui.
Dans ses yeux, fourmillant, la férocité luit.
A la caverne tourne un chemin concentrique.

## CLXXI.

Quand le voyageur, par son œuvre consumé,
Se lève tel un Phœnix en nuage argenté,
Pourrit jusqu'à la moelle un autre accompagné.

Les sons, les couleurs, les formes, sont éclairées.
L'Hermaphrodite a séduit ses chairs animées.
Les âmes sont réciproquement sublimées.

## CLXXII.

Le dragon, à la terre accroché par ses griffes,
Aspire au ciel par ses ailes de hiéroglyphes.
La gueule ouverte, il mord la grappe de raisin,
Colère ivre de ce serpent dionysien.
Et s'agrippe à la mort, le renaissant destin.

## CLXXIII.

Les pas de l'enfant roi entrent dans la lumière,
Renaissant de son sarcophage de pierre.
Eblouissement de la herse grillagée
Semblant une arche d'arabesques ouvragée,
Souffle ardent de l'Esprit, gronde comme une forge,
Seuil ogival du Verbe, de Moloch la gorge.

## CLXXIV.
### Remise en cause

Sur l'océan de sang ténébreux qu'est le monde,
Un caillot s'entrechoque, accident éphémère
D'un naufrage réciproque en accord sincère
Où s'interrompt un temps l'errance vagabonde.
Dessus de la monotonie le planisphère,
L'œil révulsé s'enfonce d'extase à la ronde.
De l'autre enfin se révèle alors le mystère,
En induction introspective et féconde.

## CLXXV.

Lorsque l'âme s'oubliant n'est plus entendue,
Parmi l'inconscient de la mort confondue,
Revient à la naissance, enfin, l'animal
Comme un chien fidèle à son esprit primordial.
D'entre les souvenirs, d'une figure aimée
Ressurgit l'image, anticipant la pensée.

## CLXXVI.
### Plaza de la Oscuridad

Aux soupirs d'une nuit bleutée de février,
Erre l'ermite au Rocher de l'Obscurité,
Dédales s'escaladant des rues de Ronda.
Cours de maisons blanches torsadées de fers noirs,
Baignant d'odeurs les mosaïques des couloirs,
Que respirent les fleurs de jardins extatiques.
En bas, s'écoule le sang d'une corrida.
Par les serpentements de rocs enchevêtrés
D'un chemin de croix, s'ouvre le gouffre insondable,
Quand luit sur l'abîme un cachot des condamnés,
Fenêtre suspendue entre ciel et criques,
Où sombre le pont comme en l'antre du Diable.


## CLXXVII.
### L'Astre d'Astarté

Lucifer est un Christ plongeant vers le ciel,
Triste initiation visitant l'intérieur
Des Enfers où le reflet troublé d'Ariel
Retourne, Univers respirant, jusqu'à son cœur.
La conscience universelle en sa connexion
Voit par nos yeux, s'incarnant tel un papillon.
L'être divin n'existe que par sa conscience
En chaque individuation de la sapience.
La destinée suit sa ramification,
Synchronicité de l'unification.

## CLXXVIII.
### Ivresse de la Sylve

Quand par une nuit de pleine lune au printemps,
De tourbe ou du Ried, la clairière embaumée,
Enchantement, par les feux-follets éclairée,
Des Elfs aux chairs diaphanes résonne de chants,
Ne vous joignez pas à leur danse de folie.
Laissez au marécage, immémorial tombeau,
Ou restez à jamais, la fée la plus jolie.
Et ce chœur nasillard, au loin, pourtant si beau
Sera perdu jusqu'à la fin de votre vie.


## CLXXIX.
### L'Interrupteur

Dessous le drap, soudain, la poupée protectrice,
Idole énigmatique, a son sourire étrange.
Doucement, dans l'obscurité, le regard change.
Le doigt ne trouve pas la lueur salvatrice.

## CLXXX.
### Boursouflures

Arabesques infinies de coquecigrues,
Se pétrifient les Faunes aux faces feuillues.
Des consoles gondolant de la Renaissance,
L'Antiquité ressuscite de sa jouissance.
Le minéral s'enfle comme en ébullition,
Où nagent des visages, dantesque illusion.
Et les vieux crapoussins, semblant de naissants gnomes,
S'insinuent comme un réseau sanglant de rhizomes.

## CLXXXI.
### Recuerdos

Ataraxie géométrique
D'une florale architecture,
Eclot en jets d'eau l'Alhambra.

Eternel flamboyant d'harmonie esthétique.
Tamisée d'ombre, souvenir de Tárrega,
S'épanouit l'idéale oasis de culture.

## CLXXXII.

Le Faune vagabond, terrassé par son frère
Le serpent, panique, agonise, sédentaire.
A l'orée de ses bois sauvages, la sagesse
A changé, s'éveillant des bons sens de l'ivresse.
L'Univers démembré se déchire en festin
Cannibale où s'embranche l'orbe du destin.

# Sommaire

*Les Coquecigrues*

# Du même auteur

Recueils de poésie :

*Sépulcres*

*Noctifer, le porteur de nuit*

*Ouroboros*

*Les Révélations d'Awalhdouateden*

*Méditations lyriques*

*Les Mystères intérieurs, ou l'Arche d'Outanapishtim*

*Guenizah, Le Septième Livre*

Autres recueils, poèmes inédits, contact :

*joelgissypoesie.blogspot.fr*